国際災害レスキューナース
辻 直美 監修

大事な人を護る災害対策

地震・台風時に動けるガイド

Gakken

はじめに

“自分のための防災”から“大切な誰かを護るための防災”に

私は、災害現場で命を助けるレスキューナースです。最近では、災害による被害を少しでも減らす〝減災〟の一環で、防災啓蒙として全国各地で講演をしています。

講演に参加する方のリアルな反応を見て、いつも感じていることがあります。「不安が先走り、何をどうしたらいいのか迷子になっている」と。

自分の命を守り、助かった命で生き延びる。

私は、ここまでが防災の基本だと考えています。ものをそろえていたら安心、ではありません。それを使って生き延びることのほうが大切なのに、そのテクニックを知らない人が多いのです。

特に、自分以外に大事な人を守らなくてはならない立場の方にとっては、なおさら大切なことです。

誰かのために、誰かのことを思うこと。今の防災にはこれが足りません。まだ自分のことしか見えていない、用意できていないのが現状なのです。

しかしそれでは、人が集まり、暮らしが営まれている場所で、自分以外の人を守ることはできません。そういった場に必要なのは、看取ること、見守ること、そして〝守る〟ではなく〝護る〟ことではないか？　それがどこかと考えたとき、私がいちばんに思い浮かべたのは、介護の現場でした。

人は一人では生きていけません。だからこそ、大切な誰かを〝護る〟ための防災を考えたら、それは自分にとっても他者に対しても、いちばん優しいものになるはずです。

「人に対して優しくありたい」

「誰かのことを思う、思いやる気持ちを大事にしたい」

本書ではそれを軸とする、私の考える〝人に優しい防災〟を、在宅介護や介護施設をモデルにして書きました。

この本に書いてあることを、とりあえず「知る」「やってみる」。そうすると、人のことを思いやる方法が体に染み込み、日常生活の中でも展開できます。

小さいことからやってみる。〝大切な誰かを護る防災〟の始まりです！

国際災害レスキューナース　**辻直美**

CONTENTS

第0章 護りたい人がいるあなたへ

第1章 家族を護る 自宅の防災

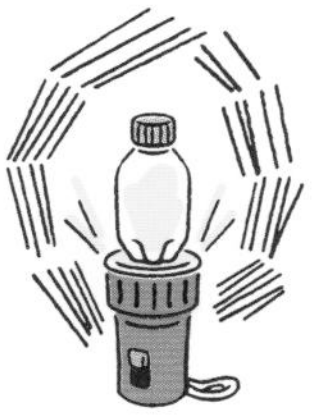

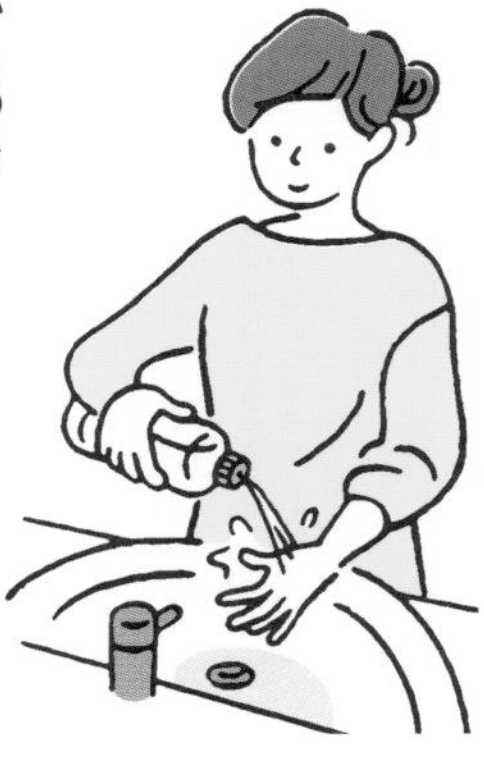

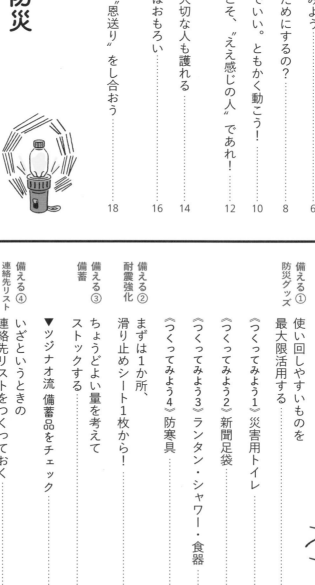

第2章 利用者を護る 施設の防災

装丁・本文デザイン…工藤亜矢子　カバー・本文イラスト…さいとうあずみ　撮影…田辺エリ
校正…遠藤三葉、ボーテンアサセくりみ　編集協力…オフィス201(中西翔子)　企画編集…藤原蓉子

第0章

護りたい人がいる あなたへ

災害時、自分のことだけではなく、ほかに護りたい人がいる。
そんなあなたに知っておいてほしい、
6つの心構えをお伝えします。

大切な人を護るためには、まずは自分の足元を見てみよう

やみくもに怖がらなくていい。実際に遭いそうな災害は何？

災害時に生き延びるには、自炊力などをはじめとする“生活力”が必須です。自分の生活力がどの程度か、まずは振り返ってみましょう。

災害や防災について考えるとき、多くの人は、漠然《ばくぜん》とした不安を抱きがちです。介護に携わる人ならなおのこと。大切な人の命がかかっていると思うと、不安になるのも無理はありません。

そこで、まずは**ハザードマップ**を使い、実際に遭いそうな災害が何なのか確認してみましょう。怖いのは、敵の正体を知らないからです。**家や職場がどうなるかがわかると、何に備えればいいのか、指針が見えてきます。**照準を絞れば、やみくもに怖がらなくて済みます。

ハザードマップは紙のほかに、「重ねるハザードマップ」といって、ウェブ上で確認できるものもあります（↓P22）。住所を検索すると、洪水や土砂災害、津波といった自然災害のリスクを、地図の上に重ねて調べることができます。国土交通省の「ハザードマップポータルサイト*」で確認できますから、スマートフォンやパソコンからアクセスしてみてください。

足りないものは？ スキルは？ 自分の得手・不得手のたなおろしをしてみよう

防災について具体的なお話をする前に、もう一つ、みなさんにやってほしいことがあります。自分の持っている〝スキル〟のたなおろしです。たとえば、左図のようなことを確認します。

CHECK

- ☑ 自炊はどのくらいできますか？
- ☑ カセットコンロを使って調理したことは？
- ☑ 地図を読み解いて目的地を目指せますか？
- ☑ コンパスを使って逃げられますか？
- ☑ 迷わず3秒で物事を決められますか？

被災時に必要となるのは、このような〝**生活力**〟です。サバイバル能力ともいえますね。防災グッズの準備や、水・食料の備蓄ができているかなど、物理的な備えももちろん大切です。しかし、それを活かせるスキル、生活を営む力がなければ、災害時に生き延びることはできません。被災後も生活は続くのです。

護るべき人がいるなら、なおさらです。大切な人を護るには、**自分の力量を正しく把握する**ことが重要なのです。

そのうえで知っていてほしいのが、**「できない＝かっこ悪い」ではない**ということ。誰でも得手・不得手はあります。不得手なことは練習したり、まわりの力を借りたりすればいいのです。人の命がかかっている場面で、できないのにできるつもりでやることのほうが危険です。**できないと言えることは、むしろかっこいい！**くらいに思ってほしいのです。

介護も防災も、一人ではできません。**苦手なことは協力を仰ぎ、得意なことはまわりに提供する**。その心構えを持ってからが、あなた自身と大切な人を護るための、防災のスタートです。

＊ハザードマップポータルサイト　https://disaportal.gsi.go.jp　※2023年1月末の情報です。常に最新情報をチェックしましょう。

そもそも、防災って何のためにするの？

被災後も、なるべく普段の生活に近い被災生活を送れるよう、防災は必要

防災が目指すのは〝被災ゼロ〟ではありません。備えていても、災害が起きれば大なり小なり被害は受けます。

ただ、備えが足りないと、普段の生活の維持が難しくなります。**いつもと違うという状況は介護する側とされる側、双方にとってストレスです。**介護者は思うようにサービスが提供できず、介護される人は「自分はないがしろにされているのではないか」と不安に思い、どちらも疲弊します。介護現場では、被災中もなるべく普段に近い生活を送れることが重要なのです。

だから、介護に携わるみなさんにこそ、防災

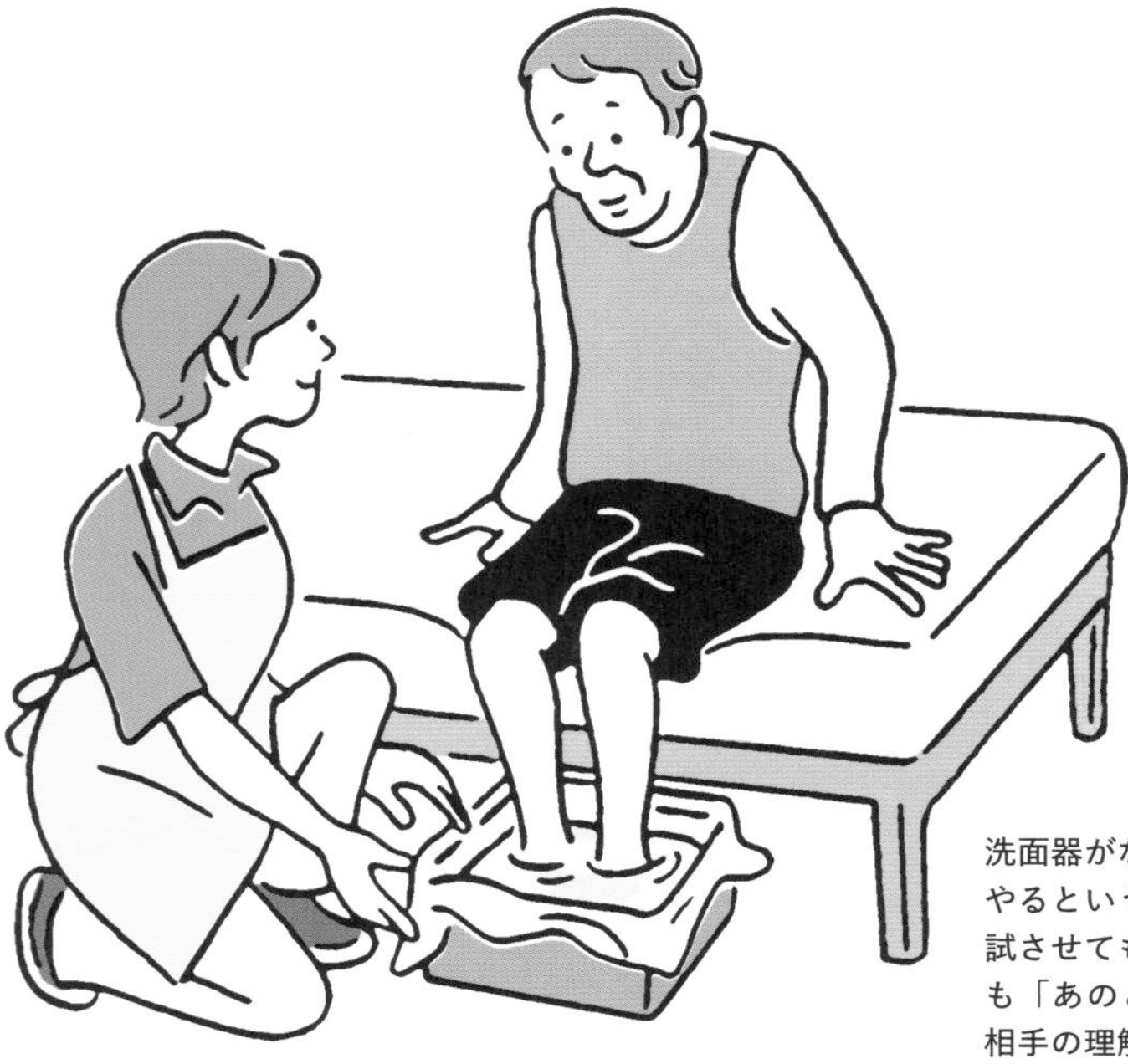

洗面器がなければ、ゴミ袋で足浴《そくよく》をやるという方法も。平時に２～３回試させてもらえば、いざというときも「あのときやったことだね」と、相手の理解を得やすくなります。

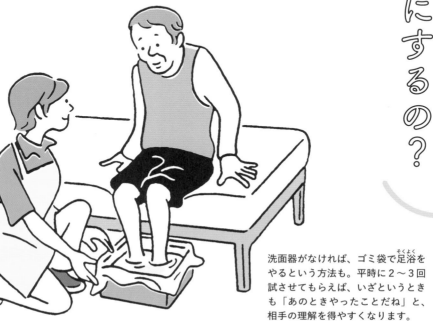

に取り組んでほしいのです。災害を少しでも減らすための備えと、**「これとこれを組み合わせれば、〇〇に近いことができる」**と考えられる**〝やわらか頭〟**を準備していきましょう。

相手の防災のスイッチは恐怖を伝えても入らない。大切なのは、常日頃から〝愛〟と〝尊敬〟を伝えること

災害時に生き延びるには、護るべき相手である、被介護者の理解と協力も必要です。

これはある地方自治体から受けた相談ですが、ご高齢の方々に防災の話をしても、「老い先短い私たちのことはいいから、あなたたちだけで逃げなさい」と言われてしまうそうです。どうしたらわかってもらえるのか、民生委員の方たちは困り果てていました。

そこで私がお話ししたのが、伝え方の大切さです。防災の必要性を訴えるとき、私たちは

「これをしないと助からないよ！」

そんな言葉を選びがちですが、**恐怖や危機感を伝えるだけでは、人は動かせません**。伝えるべきは、どうして備えてほしいのか、なぜ一緒に逃げてほしいのか、根底にある思いです。

「あなたのことが大切です」

「あなたに生きていてほしいんです」

そんな、相手への〝愛〟です。それを常日頃、言葉で伝えることが大切なのです。

介護現場でも同様です。体を動かしにくい被介護者の人にとって、災害対策は難儀な作業です。取り組んでもらうには、**自身の存在意義を強く感じてもらう**こと。それが伝わっていて、はじめて「一緒に逃げよう」「がんばって生き延びよう」と思ってもらえるのです。

また、護るべき相手は、人生の先輩であることも忘れないでください。愛とともに〝尊敬〟の気持ちを言葉にし、日々伝えていきましょう。

おかあさんと
おしゃべりするの
本当に楽しいなあ

昔話を
聞かせてもらえて
勉強になるなあ

護るべき相手は人生の先輩。「あなたがいてくれてうれしい」という気持ちや尊敬を、日々、言葉にして伝えることが大切です。

滑り止めシート1枚からでいい。ともかく動こう!

「まじめに」「ちゃんと」はいったん置いておく。適当でもいいからとにかくやろう

いきなり松竹梅の“松”レベルを目指さなくて大丈夫。滑り止めシートを敷くだけの“梅”レベルでも、防災力は確実に上がります。

防災というと、「まじめに、ちゃんとやらないと」と思う人が多いかもしれません。「部屋中を片づけて、レイアウトも変えないとダメですよね?」。そんな声が聞こえてきそうです。

しかし私は、防災の講演会などで、よく次のようにお伝えしています。

「100円ショップの滑り止めシート1枚でいいです。適当に切って、そのへんの棚に置いてみてください。**それだけで、昨日より防災力が1段階上がりますよ**」

大切なのは、一歩を踏み出すことです。

私は「**知《ち》覚《かく》動《どう》考《こう》**」という言葉を大切にしてい

ます。「知って、覚えて、動いて、考える」。やり方を知って、覚えたら、まずは動く！　あれこれ考えるのはその後でOKです。

たとえば、滑り止めシート。食器や本などの下に敷いておくと、多少の揺れでは食器も本も動かず、棚から落ちてこなくなります。防災は、こんなに簡単にできるのです。

防災の効果をもっと上げるためにできることはたくさんあります。詳しいノウハウは第1、2章で紹介しますが、人それぞれ、部屋の間取り、家具、動線など、生活環境が異なります。自分たちに合っていて、できそうなものを取り入れながら、少しずつレベルアップしていけば大丈夫。気負わずにいきましょう。

CHECK

知《ち》覚《かく》動《どう》考《こう》

ともかくうごこう

「知覚動考」は、「ともかく動こう」とも読めます。人は考えすぎると動けなくなるもの。考えるより、まず動きましょう。

主役である介護される側の人を置いてけぼりにしない。護りたい相手の目線を意識して一緒に取り組もう

防災のスタートは適当でOKですが、はずさないでほしいポイントが一つ。それは「被介護者を置いてけぼりにしない」ことです。**防災の主役は、あなたが護りたいその人自身です。**

先ほどの滑り止めシートも、できそうなら本人に切ってもらってください。そして、護りたい相手の目線に立ち、部屋の中で危険なところはどこか、一緒にチェックしてほしいのです。

このとき、合わせる目線の高さは〝**相手より5段ほど下**〟をイメージしてください。被介護者の方と接するとき、介護する側はどうしても上から目線になりがちです。相手が車いすを使っているなら、ひざをつき、そこからまわりを360度、グルッと見渡してみましょう。そのうえで、「どこが危ないと思う？」「気になるところはある？」と、直接聞いてみてください。見える景色がきっと違ってくるはずです。

護りたい人がいるあなたこそ、"ええ感じの人"であれ！

あいさつはお金のかからない防災。普段の人付き合いが災害対策につながる

あなたが住んでいる家の、お隣さんやお向かいさん。介護施設なら、近隣住民の方々など。その人たちに日頃、あいさつをしていますか？

あいさつも防災の一つです。**その地域に自分たちが属している、生活しているということをアピールする。**これが、いざというときに命綱となるのです。

たとえば、家にいるときに大地震があったとします。自分たちは逃げ遅れ、家に閉じ込められてしまいました。そんなとき、避難所の誰かが「〇〇さんがいない！」と気づいてくれたら、助けに来てもらえるかもしれません。

在宅介護の場合、近所の人には「母が認知症で、ご迷惑をおかけするかと思いますが……」など、こちらから情報を開示することが大切。少しずつ関係を築いていきましょう。

こればかりは、普段の行いがものをいいます。**助けてもらうための種をまく**つもりで、〝ええ感じ〟の人になり、交流していきましょう。

一人で抱え込むのはご法度。介護も防災も積極的にまわりを巻き込もう

あいさつを通して周囲に自分たちを知ってもらうことは、毎日の介護にも活きてきます。特に、自宅で介護をしている人には重要です。

在宅介護は、介護者が何かと一人で抱え込みがちです。かくいう私も、義父母の介護をしていました。最初こそ「私一人でできる！」と意気込んでいたものの、当時の私は3歳児と0歳児と愛犬を抱え、家事も育児もワンオペ。常にみんなが不機嫌で、イライラしていました。

こんなにがんばっているのに、なんで？　そう思ったとき、ふと「病院の看護師時代は、どうしていたっけ？」という問いが、頭をよぎりました。患者さんへの対応が追いつかないとき、私は、周囲の看護師の手を借りていたはず。

「そうか、**そもそも一人でやれっこない**んだ」

「手を借りよう。でも、誰の？　……」

「**近所の人**がいるじゃない！」

そう気づいてからというもの、日々のあいさつに始まり、近所の方々と少しずつ関係を築き、介護と育児、さまざまなシーンで助けてもらいました。あの助けがなかったら、乗り切れなかったと思います。何より**「一人じゃない」**と**思えたことは大きく、心が軽くなりました。**

最初は、いざというときのためでいいのです。それが結果として、**介護に奮闘《ふんとう》するあなた自身を護る**ことにつながります。近所の人に会ったらにっこり、会釈！　心がけてみてください。

災害時に頼れるのは、やはり近所の人。在宅介護なら、ケアマネや町内会の人などの連絡先も控えておくとよいでしょう。

普段からやっておけば、いざというときに自分も大切な人も護れる

防災は小テストと同じ。日々の小さな積み重ねが災害時に活きてくる

防災グッズは、一から買いそろえるほか、道具がひと通りそろった市販の防災セットを買うという方法も。いずれも、買ったら一度使ってみること。予行練習が大事です。

防災は、日常生活の延長線上にあります。

地震が起きたとき、真っ先にスマホを見る人。そういう人は、震度7の大地震でも同じようにスマホを見ようとします。一方、普段から揺れた瞬間に机の下に隠れようとする人は、大地震の際も、咄嗟《とっさ》に同じ行動をとれます。

日常的にやっていないことは、いざというときにもできません。小テストと同じように、毎日繰り返し行い、普段から意識していることが、災害時にも発揮されるのです。

防災グッズも同様です。買ったものの、未使用のままどこかにしまっていませんか？

ぜひ一度、使ってみてください。使ってみると、思いのほか使い勝手が悪かったり、もっと数が必要だったりと、改善点が見えてきます。家にあるもので代用できれば、コストダウンもできるかもしれません。練習だと思ってどんどん試して、自分たちの生活スタイルに合わせてカスタマイズしていきましょう。

ものがなくても、代用したり組み合わせたりすればなんとかなる。いろいろ試してみよう

被災すると、電気・ガス・水道が止まったり、ものが壊れて使えなくなったりと、思いがけないことが起こります。それでも、その場にあるもので代用したり、組み合わせたりすれば、ある程度のことはなんとかなります。

たとえば、停電したらペットボトルと懐中電灯でランタンをつくる。断水してトイレが使えなくなったら、ゴミ袋、新聞紙、ペットシーツでトイレをつくる。足浴に使う洗面器が割れたら、ゴミ袋に湯を張ってやる、などです。

そして何より大切なのは、これらを**護りたい相手と一緒に、平時に試しておく**ことです。

前述したとおり、普段からやっていないことは災害時にもできません。また、介護される側の人にとって、急な環境の変化はストレスになります（→P8）。いつもと違う方法でも、「あのときやったことだ」と思ってもらえれば、相手の心理的な負担や抵抗感が減ります。だから、体験することが重要なのです。

そしてやるときは、月1回など**イベント化して、お遊び感覚で楽しんで**ください。「今日はカセットコンロでごはんを炊こう」「おかずは缶詰。バイキング形式ね！」など、面白がって気持ちを上げることも大切ですよ。

ペットボトルに水を入れ、下から懐中電灯で照らすと即席ランタンに。夜のトイレなどで、明かりとして使ってみましょう。

災害は怖い。でも、防災はおもしろい

防災に取り組むと、決断力、行動力、アレンジ力が身につき、普段の介護力が上がる！

私は常々、「災害は怖いかもしれません。でも、防災は〝おもしろい〟んです」と伝えています。なぜ〝おもしろい〟のか、それは「**決断力**」「**行動力**」「**アレンジ力**」が身につくからです。

災害時は、移り変わる状況をよく見て、命を護るための決断をし、行動する必要があります。また、行政のフォローは最低限のため、基本的に自分たちでなんとかすることになります。

そこで、私の提案する防災は、いざというときに動けるよう、ものと一緒にさまざまな〝知識〟と〝経験〟をストックします。実際にやってみることで、おのずと「決断力」と「行動

- A案　弁当箱などに詰めて配膳してみる
- A′案　おにぎりや串にして食べやすくしてみる
- A″案　最初の動作（箸を持つ）を手助けする

防災で身につく決断力、行動力、アレンジ力は、介護現場においても必須の力。「これがダメなら、○○はどうかな？」と、その時々でベストな答えを導き出すのに役立ちます。

力」が身につきます。しかも「○○がないなら△△で代用しよう」と考えるやわらか頭も鍛えられるので、「アレンジ」の幅が広がります。

ここで強く伝えたいのが、**これらは介護にも活かせる**ということです。介護現場では、昨日うまくいったことが今日もうまくいくとは限りません。介護される側の人の心身の調子は一定ではないので、介護する側は、その時々の相手にとってのベストを常に考える必要があります。

そんなとき、自分の中に複数の「アレンジ」がパッと浮かび、「今の○○さんにはこれを提案しよう」と瞬時に「決断」し、「行動」に移せたらどうでしょう。相手のＱＯＬ＊が高まります。つまり、**防災を通じて、あなたの普段の介護力が上がる**というわけなのです。

防災を通じて日常生活は豊かになる。肩肘《かたひじ》はらずに面白がってやってみよう

防災のメリットは、介護力アップに留《とど》まりません。実は防災に取り組むと、日常生活が豊かになります。たとえば、次を見てください。

3つの心得
- 3秒で決める
- 3つの方法を考える
- 3手先を考えて動く

これは、災害レスキューナースである私が常日頃心がけていることですが、日常でも意識することで、まったく慌てなくなりました。何か起きても余裕を持って対処できるからです。

また、本棚に滑り止めシートを敷くと、本が滑って倒れるというプチストレスから解放されたり、備蓄《びちく》においてローリングストック（↓P38）を心がけると、食品の在庫管理が効率化されたり。**防災のためにした対策は、日々の使い勝手にもよい影響を及ぼします**。そんな副次的《ふくじてき》な効果があることも、防災が〝おもろい〟理由の一つです。

介護する相手だけでなく、あなた自身のことも護りながら、日々の暮らしも豊かになる。やらない手はありません。ぜひ面白がりながら、防災に取り組んでいきましょう！

＊Quality Of Life の略称。生活の質。

「助けて」を発信しよう。“恩送《おんおく》り”をし合おう

13ページで“助けてもらうための種をまくつもりで、周囲の人と関わっていこう”とお伝えしましたが、それを実践するなかで心がけてほしいことがあります。それは、自分の情報を開示すること。誰かの手を借りたいときは、自分から「助けてください」と発信するのです。

助ける側だって勇気がいります。困っている人を見かけたとき、助けたいとは思うものの、「私なんかが声をかけたらおこがましい」と思い、断念してしまう人が少なくないのです。だから、助けが必要なら、自ら発信することが大切なのです。

また、助けてもらった後、すぐにお返しをしようと焦らなくて大丈夫。これは子育てと介護が重なっていた時期に私が痛感したことで、当時、こんな出来事がありました。幼い息子を連れてお店のレジに並んでいたとき、ふと見ると、息子が売り物のバナナを食べていたのです。

「あんたそれ、どうしたん？」

「あそこにあった」

「あそこにあった……って。それはな、売ってんねん」

思わず肩を落としたそのとき、近くにいた人が声をかけてくれました。

「元気に育ってはるねえ。おばちゃんがそのバナナ、買《こ》うてあげるわ」

そう言って、息子が食べたバナナの会計を済ませてくれたのです。私が慌てて代金を渡そうとすると、そっと拒んで、こう教えてくれました。

「私も、先輩たちに助けてもらってきたから。あんたもいつか違う形で、後輩たちに返してくれたら、それでええよ」

時は経ち、今私は防災の知恵とスキルを多くの人に広めることで、あのときの恩を返せていると自負しています。あなたも“恩送り”を心がけてみてください。

第1章

家族を護る
自宅の防災

家庭内に介護を必要とする人や、
高齢者など、一人では身動きしづらい人がいる場合、
本人の目線に立った対策を意識することが大切です。
少しずつ備えていきましょう。

震度6弱で、ここまでダメージを受ける

基本❶

備えのないまま被災すると、家はこうなる

リビング

背の高いラックが倒れ、ものが床に散乱。テレビなどの家電もひっくり返っています。

キッチン

棚から飛び出した食器はほとんど割れ、床が破片だらけに。素足では踏み入ることもままなりません。

寝室

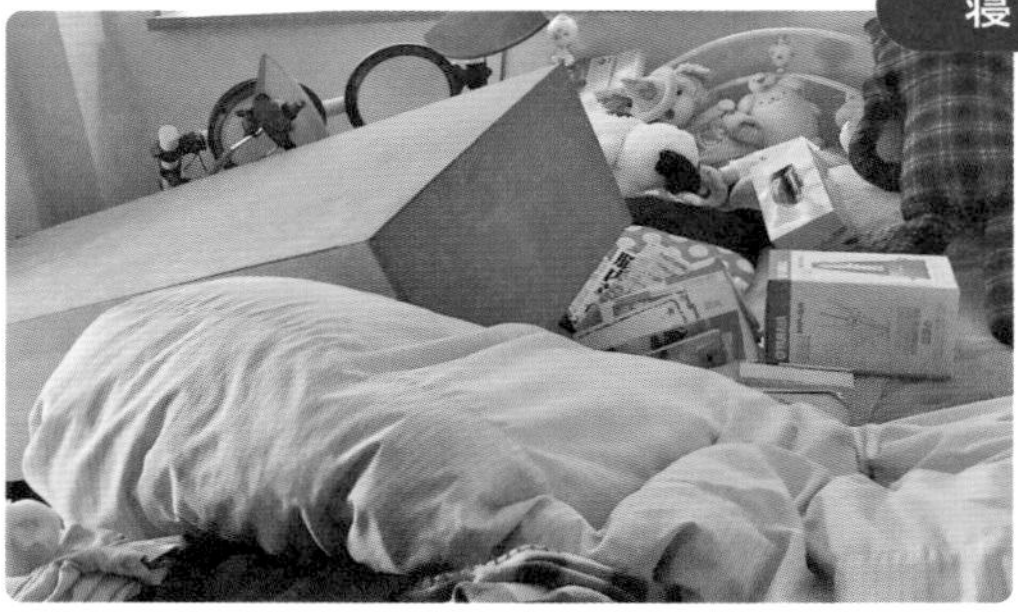

ベッドの上には重そうなタンス。就寝中に地震が起きていたら、頭に直撃していた可能性が……。

行政のフォローは最低限。自分たちでなんとかする

上の写真は、震度6弱を記録した、2018年の大阪府北部地震で被災した部屋の様子です。当時私が住んでいたマンションの隣の部屋の住人から助けを求められて、ベランダから救助に入った際に撮らせてもらいました。

私の部屋はというと、キッチンで瓶が4本倒れただけで、ほぼ無傷。それは、部屋中を防災仕様にしていたからです。同じ間取りと強度の部屋で、ここまで差が出るのかと衝撃でした。

被災した後も生活は続きます。**片づけは自分たちでするほかなく**、そのうえ**ライフラインが断たれると、生活はハードモードに。**しかし、行政のフォローは最低限で、救援物資などはあまり期待できないのが実情です。

備えがないと、介護する側もされる側も、かなりのストレスを強いられます。少しずつ準備していきましょう。

『日常生活を早く取り戻せるかは、自分たち次第』

災害発生

命のデッドライン
（飲まず食わずでも生きていける最大リミット）

被災前
（備える＝防災）

72時間
（生き延びるために行動する）

72時間以後
（生活を立て直し、復興へ）

自分たちの力で生き延びる

災害発生後の72時間は、飲まず食わずでも生きていけるとされる「命のデッドライン」。しかし、救助には優先順位があります。助けが来ないことを想定し、自分たちで乗り切ります。

自分たちで生活を立て直す

生き延びることができたとしても、そこから元の生活に戻れるかどうかは、自分たちのがんばり次第。行政のフォローは最低限と心得て、自分たちで復興に向けて動き出します。

ライフラインがいつ元に戻るかはわからない

停電したら……

冷蔵庫　IH調理
エアコン　ATM
スマホの充電
エレベーター

断水したら……

トイレ　拭き掃除
歯磨き　手洗い
お風呂・シャワー

停電や断水のほか、ガスが止まるとガスコンロが使えず、ほかに熱源の用意がなければ調理は不可能に。これらはいつ復旧するかわからないため、当面は、備えてきた「もの」や「知識」「スキル」でやりくりする必要があります。

だから、被災前の備えが大切！

基本❷

被災生活を乗り切るための わが家の"備え"を確認する

遭いそうな被害の大枠を知る

重ねるハザードマップ

土砂災害には注意が必要？
洪水や津波の危険は？
重ねるハザードマップ
～災害リスク情報などを地図に重ねて表示～
地図を見る
場所を入力
例：茨城県つくば市北郷１／国土地
表示する情報を選ぶ
洪水（想定最大規模）
土砂災害
高潮（想定最大規模）
津波（想定最大規模）
道路防災情報
地形分類

出典：ハザードマップポータルサイト（https://disaportal.gsi.go.jp）

どんな状況になるのか？ まずは把握することから始める

ハザードマップには紙媒体とウェブ媒体があり、「重ねるハザードマップ」は後者です。洪水や津波、土砂災害などの災害リスクを地図に重ねて表示してくれ、災害時に自分の家がどんな状況になるのかがわかります。

⚠ 時間のあるときに紙媒体もチェックを

「重ねるハザードマップ」に記載のない情報もあります（→ P47 欄外）。より詳細な災害リスクを知るには、紙媒体のハザードマップも確認するとよいでしょう。

スマホを使って 被害と備えの目安をチェック

具体的にどのくらいの備えが必要になるかは、かなり個別性があります。自分たちの住むエリアがどんな災害に見舞われる可能性があるかによって異なるからです。スマートフォンやパソコンで調べられるので、今からチェックしてみましょう。

まず、被害の大枠を知るために確認してほしいのが、**ハザードマップ**。そして、**「地震10秒診断」**と**「東京備蓄ナビ」**もあわせて使ってみましょう。

これらを調べると、起こりうる被害に対し、**自分たちの備えがいかに足りないか**がわかるはずです。しかも、**介護する側とされる側、両方の備えが必要**となると、足りないことをますます痛感すると思います。

でも、この「現状を知る」ということが大切。足りない分を今から補っていきましょう。

具体的な被害と備蓄の最低ラインを知る

地震10秒診断

そのエリアの地震の可能性とライフラインのダメージを予測する

「地震10秒診断」は、住所を入力すると、その地域で30年以内に大きな地震に遭う確率、それによるライフラインのダメージがわかるサイトです。電気、ガス、水道の停止日数などが数字で表示されます。

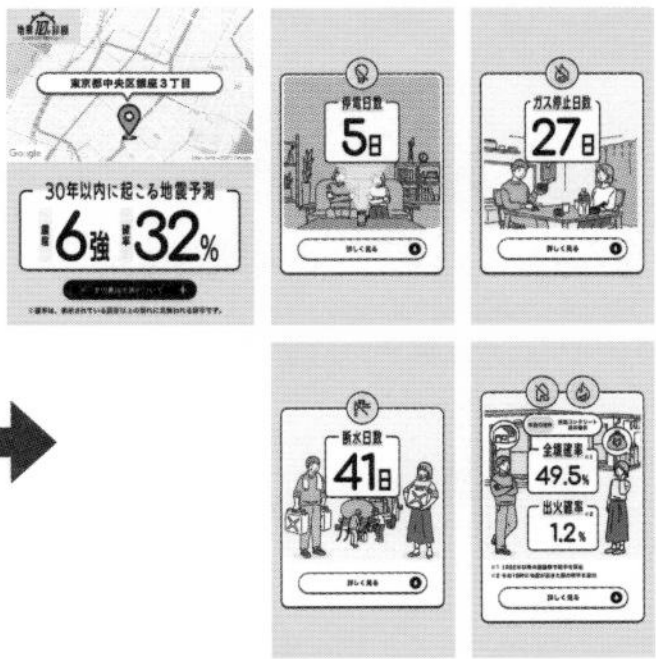

出典：地震10秒診断
（https://nied-weblabo.bosai.go.jp/10sec-sim）
防災科学技術研究所／日本損害保険協会

東京備蓄ナビ

何がどのくらい必要になるか備蓄の目安量を割り出す

備蓄の目安量を知るには、「東京備蓄ナビ」が便利。一緒に住んでいる人の人数や性別、年代、住まいの種別（戸建て・マンション）、ペットの有無などを入力すると、必要な備蓄の目安量がわかります。

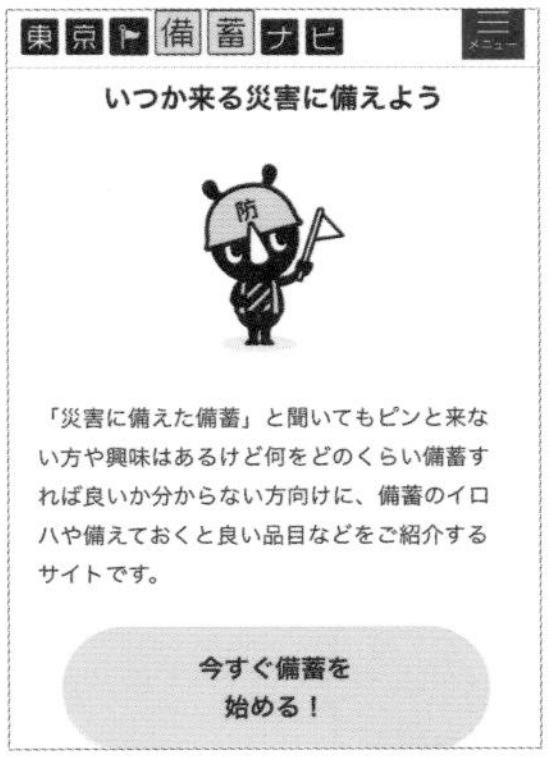

出典：東京備蓄ナビ（https://www.bichiku.metro.tokyo.lg.jp）

思った以上に過酷な状況になる。そのうえ、

今の備えでは
足りない！

介護を想定したプラスαの備えが必要

※2023年1月末の情報です。常に最新情報をチェックしましょう。

基本❸

被介護者を置いてけぼりにしない。対策は家族みんなで

自分と相手の思う“危ないところ”は異なる

介護する側が立って見ている景色と、介護される側が座いすや車いす、ベッド上から見ている景色は異なります。

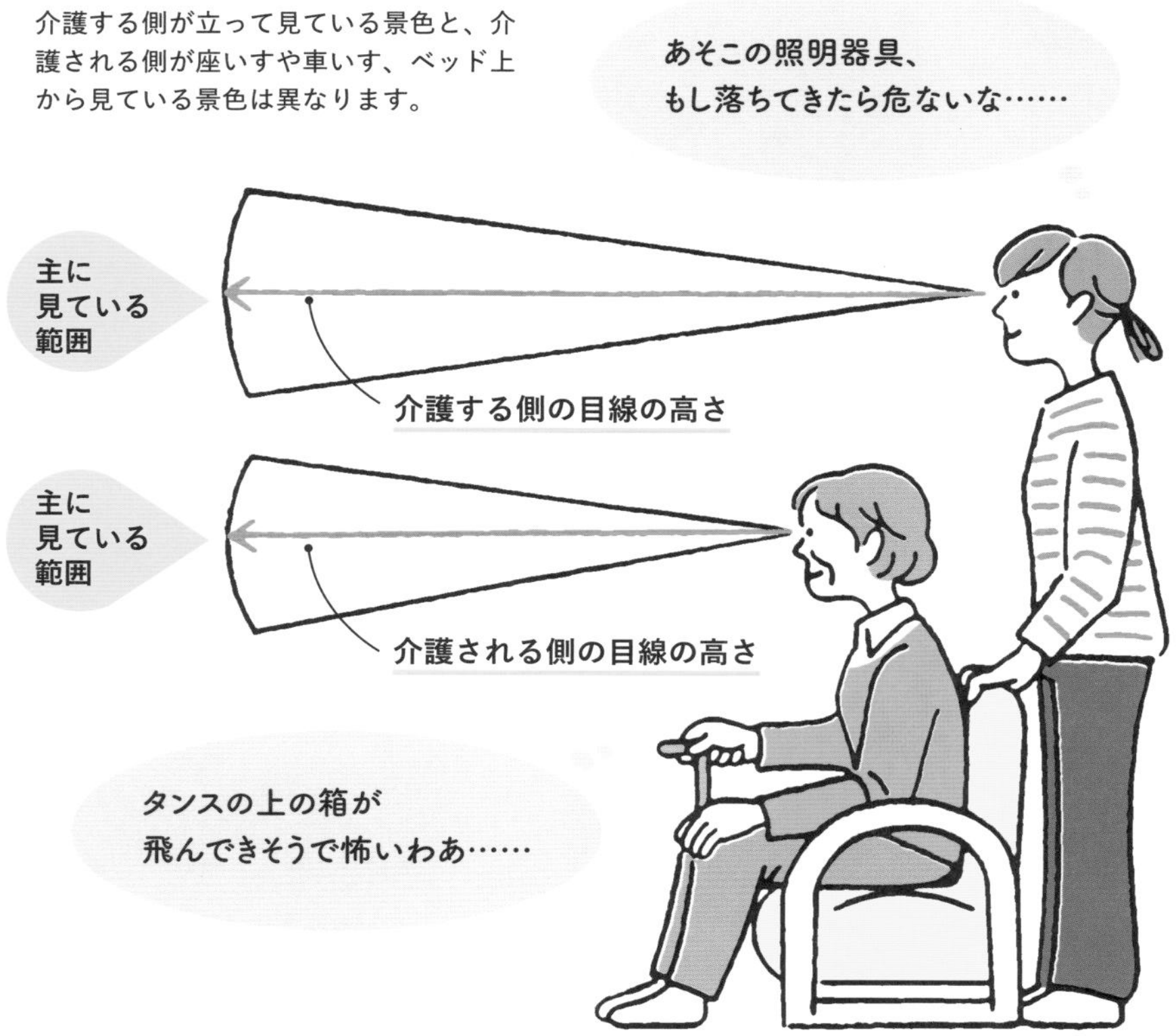

あそこの照明器具、もし落ちてきたら危ないな……
主に見ている範囲
介護する側の目線の高さ
主に見ている範囲
介護される側の目線の高さ
タンスの上の箱が飛んできそうで怖いわあ……

相手の思う“危ないところ”もヒアリングすることが大切

“自分がやらなきゃ”ではなく親も子も“一緒に”やる

備えたいのは、水や食料だけではありません。水が使えなくなったときのための災害用トイレや、体を清潔に保つための道具。さらに、地震による建物内のダメージを最小限に抑えるための準備も必要です。

ともすると、普段介護を中心となって担っている人は、「私が全部やらなくては」とがんばってしまいがちです。しかしそこはぜひ、**介護される側である本人も誘って、家族みんなで**取り組んでください。

たとえば、地震対策で家の中の危ないところを探すとき。あなたの目に映る景色と、介護される人の目に映る景色が異なるように、**人それぞれ必要とする備えは違います**。介護される側の意見を聞き、当事者意識を持ってもらうことが、相手を護り、被災生活を乗り切ることにつながるのです。

〚今すぐできる！ 360度危ないところチェック〛

360度グルッと まわりを見回してみる

「危ない」「やばい」と感じるものは、いざというとき、必ず自分たちを傷つけます。相手の目線に立ちながら、頭の上や目線の高さ、足元も忘れずにチェックを。

いざというときにどうするか 行動を決めておく

たとえば地震の場合、揺れた瞬間に危ないところから離れるだけでも、助かる確率は上がります。迷わず行動に移せるよう、逃げる場所はあらかじめ決めておきましょう。

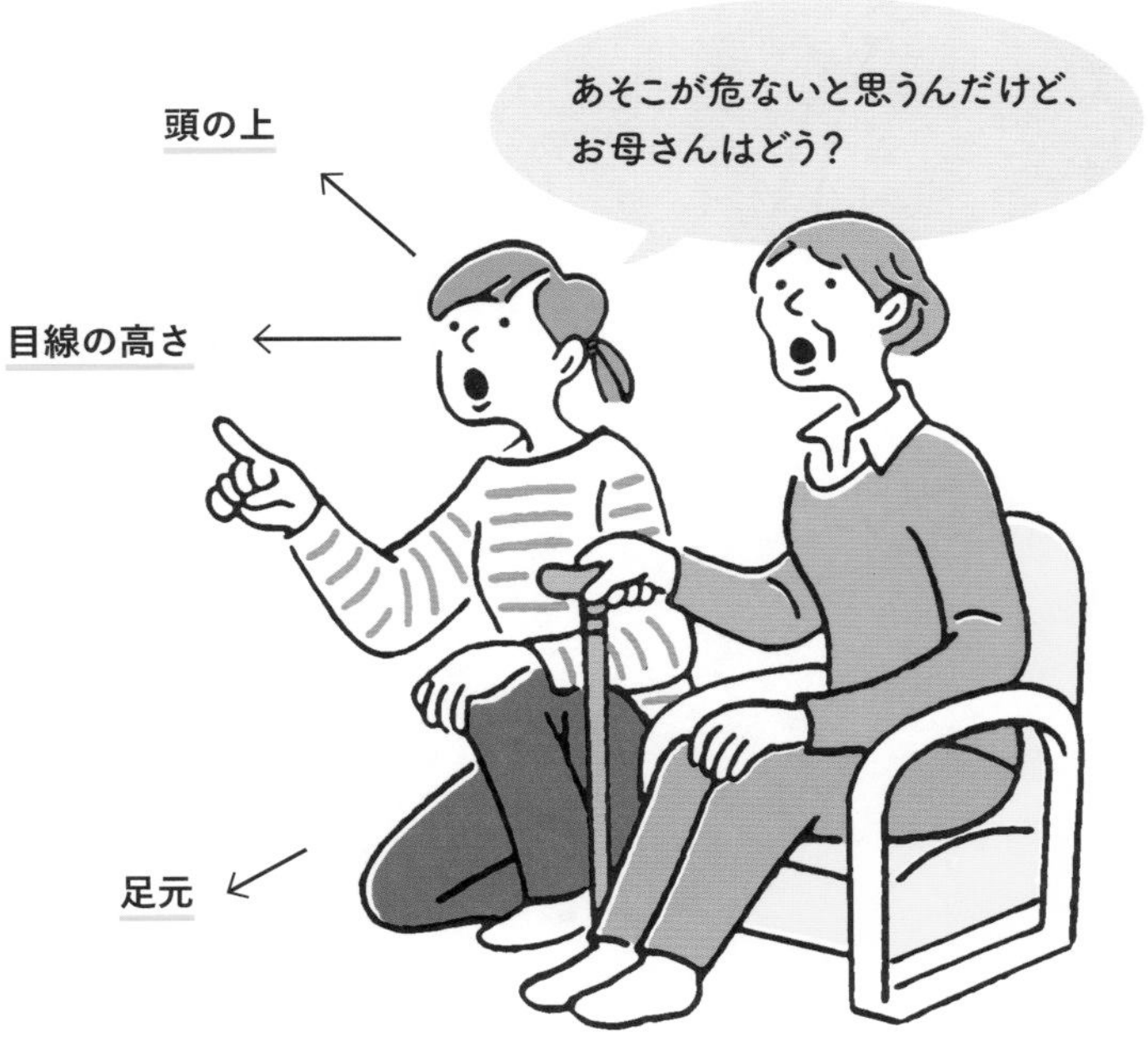
あそこが危ないと思うんだけど、お母さんはどう？
頭の上
目線の高さ
足元

特に注意が必要なのは……

腰より高い位置にあるもの

重心の高い家具類

これらは地震のとき、「落ちる」「倒れる」「移動する」「弧を描いて飛んでくる」など、思いがけない動きをします。できる範囲で対策を心がけましょう。

家族みんなで取り組みたい4つの備え

1 防災グッズの用意 P26～31

2 耐震強化 P32～37

3 水・食料・電源の備蓄 P38～41

4 連絡先リストの作成 P42～43

次のページから具体的な防災のノウハウを紹介していきますが、全部を一気にやろう、完璧にしようと思わなくて大丈夫。できそうなことから、自分のペースでコツコツ取り組んでいきましょう。

備える① 防災グッズ

使い回しやすいものを最大限活用する

コスパもよく考えて準備を

例：地震で**断水**すると……

↓

災害用のトイレが必要に

人が１日にトイレに行く回数＝約７〜８回

市販の災害用トイレ（1個約200円）	×	７〜８回	×	家族の人数分	×	断水日数（２〜３週間続くことも）

＼＼ **思いのほか費用がかさむ** ／／

➡ 防災においては、汎用性《はんようせい》の高いグッズを組み合わせてコスパを抑えることも大切

最重要は〝トイレ〟。身近なもので代用できる

備えが重要とはいえ、全部を防災専用のグッズでそろえるには、お金とスペースがいくらあっても足りません。そこで私がおすすめするのが、**「普段使っているもの」と「100円ショップなどのプチプラ（低価格）グッズ」を大いに活用すること**です。どちらも多用途に使い回せるものを選ぶことで、コストも保管スペースも抑えられます。

なかでも左ページの〝PPGS〟は、私が長年推している万能アイテム。本書でもいたるところに登場しますから、チェックしてみてください。

たとえば、備えのなかでも特に重要となるのが、災害用トイレ。災害時に停電や断水が起こると、家のトイレが使えなくなりますが、人はどんな状況でもトイレだけはがまんできません。**この災害用トイレも、〝PPGS〟で代用可能**です。ぜひ試してみましょう。

〚 多用途に使える“PPGS”は常備して損なし! 〛

P ペットシーツ(レギュラーサイズ)

高分子ポリマーが入っていて吸水性に優れており、特に災害用トイレで大活躍します。水分を含ませれば枕や氷嚢《ひょうのう》にも。吸水シートや尿とりパッド、おむつ、ボロ布などでも代用可能です。

災害用トイレ(→ P28)

P ペットボトル

空のペットボトルを数本とっておくと、懐中電灯と組み合わせて簡易ランタン、キャップに穴を開けて節水シャワー、単体では食器代わりとして使えます。

ランタン、シャワー、食器(→ P30)

G ゴミ袋(45L)

災害用トイレや防寒具などに応用できます。二重にすれば貯水タンクとしても使えるので、地震の直後に水を汲んでおいたり、リュックと組み合わせて水を運んだりできます。

災害用トイレ(→ P28)
防寒具(→ P31)

S 新聞紙

消臭効果があるので災害用トイレに使えます。くしゃくしゃに丸めて空気を含ませれば防寒具に、足に合わせて折りたためば靴にも。最低でも10部は持っておくと◎。

災害用トイレ(→ P28)
新聞足袋《たび》(→ P29)
防寒具(→ P31)

＋

- ☑ テープ類(ガムテープ、セロハンテープなど)
- ☑ アルミホイル、ラップ
- ☑ はさみ、カッター
- ☑ ポリ袋、ビニール袋
- ☑ 懐中電灯　など

あわせて使う道具の収納場所を把握しておこう

“PPGS”からいろいろな代用アイテムがつくれますが、その際にあると便利なツールは左記のとおり。家のどこにあるのか確認しておきましょう。

次のページから“PPGS”でつくれる防災グッズをチェック

- □ 水や食料、電源の備えについては38ページをチェック
- □ 被災中の食事・調理に使う防災グッズについては50ページをチェック

ペットがいないご家庭や、新聞を購読していないご家庭でも、ペットシーツと新聞紙は持っておいて損はありません。28～31ページを参考に活用してみてください。“試しておく”ことが大切です!

つくってみよう 1

災害用トイレ

ペットシーツ１枚につき、１回分の尿を受け止めてくれます。市販の災害用トイレより安上がりで、使い慣れた便器でできるのも利点です。

使うもの
- 45L ゴミ袋２枚
- ペットシーツ１枚
- 新聞紙１枚

❶
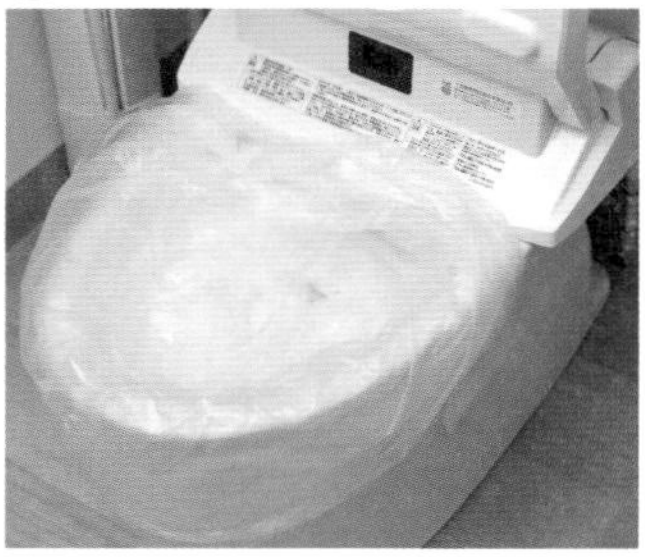

トイレの便座を上げ、ゴミ袋を二重にしてかぶせます。

❷
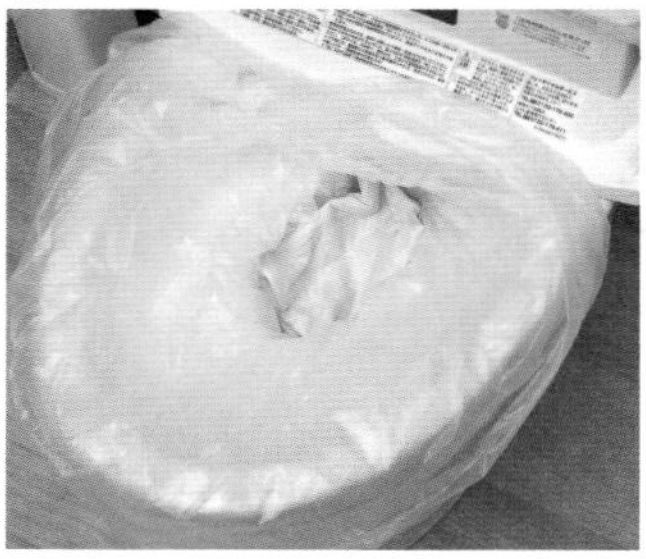

ペットシーツを折りたたみ、奥へ入れます。くぼみをつくると排泄物が収まりやすくなります。

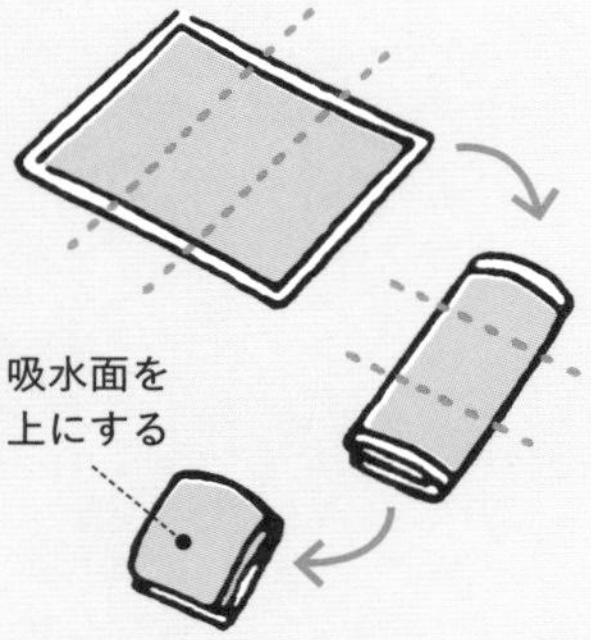

撥水面が上になると吸わないので注意！

新しくゴミ袋を１枚かぶせる

❸

完成！

便座を下ろして完成です。いつも通り、便座に座って使用できます。

▶ トイレを使う ▶

❹

用を足したら、ちぎった新聞紙を排泄物の上にかぶせます。

※練習時は、レバーで水を流さないよう注意しましょう。

❺
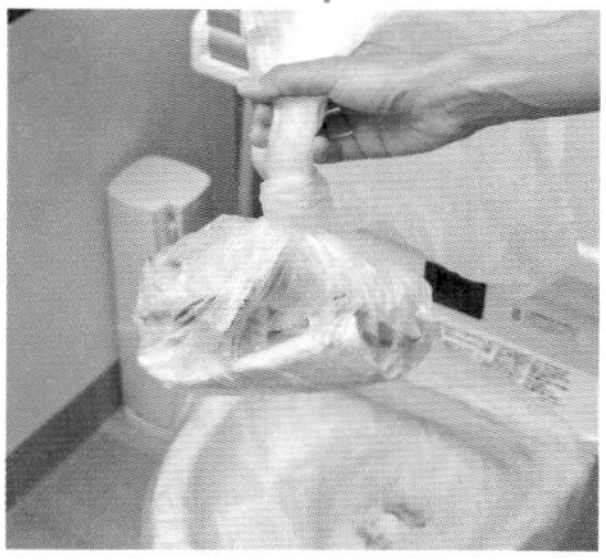

便座を上げ、上のゴミ袋だけ取り出して口を結びます。ゴミの日まで保管し、自治体のルールに従って処分しましょう。

断水したとき、お風呂の汲み水などでトイレを流すのはNG！　汲み水の勢いでは流れ切りませんし、万が一配水管が割れていたり、ずれていたりしたら、そこから汚水が漏れてしまいます。災害用トイレを使いましょう。

つくってみよう 2

新聞足袋

地震により、床に割れた食器などの破片が散らばると、ケガのもとに。
足を保護する新聞足袋のつくり方を覚えておくと安心です。

使うもの
- 新聞紙３枚
- テープ類

❶

新聞紙を３枚広げて重ね、短い辺を10cm ほど折って立てます。

❷

新聞紙の中央に足を置きます。足首を前傾させ、❶で立てた部分をアキレス腱にくっつけます。

❸

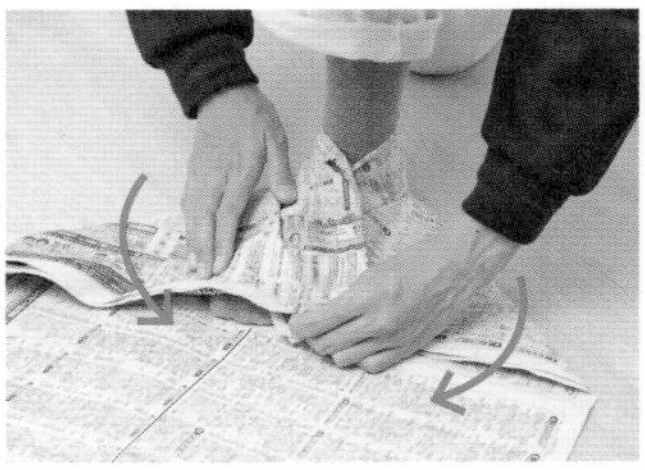

アキレス腱に巻き付けるようにしながら、新聞紙を左、右と交互にたたみ、足首にフィットさせます。

❹

足にぴったりと沿うように、新聞紙の左側を折ります。

❺

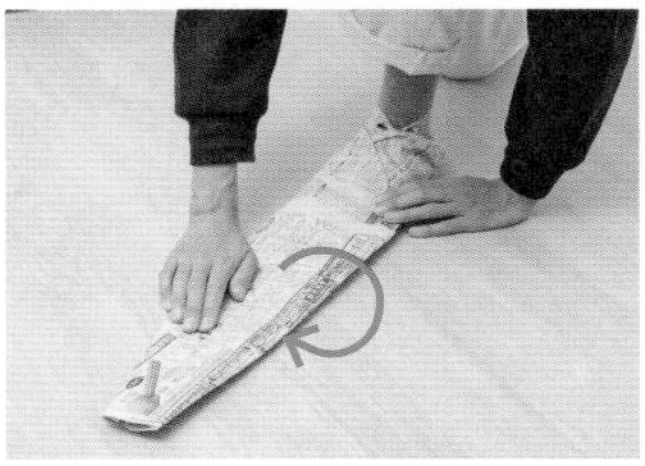

反対側も折り、余った分はそのまま足の幅に合わせて巻き付けます。折り幅を細くするのがポイントです。

❻

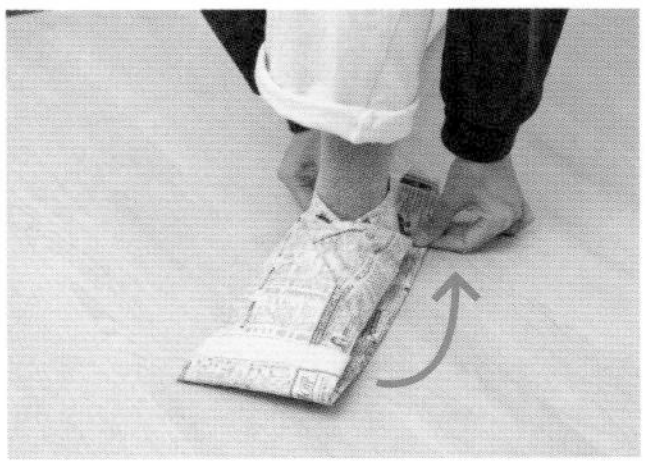

つま先から１cm ほど前の位置で、新聞紙を後ろに折り返します。

❼

後ろにはみ出た部分を、かかとの内側に折り込みます。折り込めるほどの長さが残らないときは、テープなどで留め、足首にフィットさせて。

❽

完成です。割れた破片を踏んでもほとんど痛くありません。

余った新聞紙があれば、底に１枚敷くと補強できます。

＼ つくってみよう3 ／

ランタン・シャワー・食器

いずれもペットボトルで代用できます。特にシャワーは、災害時に貴重となる水の節約に役立ちます。

使うもの
- 空のペットボトル
- 懐中電灯 or スマホ
- キリなど（穴を開けられるもの）
- カッター or はさみ

ランタン

水を入れたペットボトルを下からライトで照らすと、光が拡散され、部屋の中を広く照らせます。水の中に小石や葉っぱを入れるのもおすすめ。影が映ってプラネタリウムのようになり、見ていると心が安らぎます。

⚠ 懐中電灯が安定しないときは、コップや、上部を切ったペットボトルなどに入れて固定する

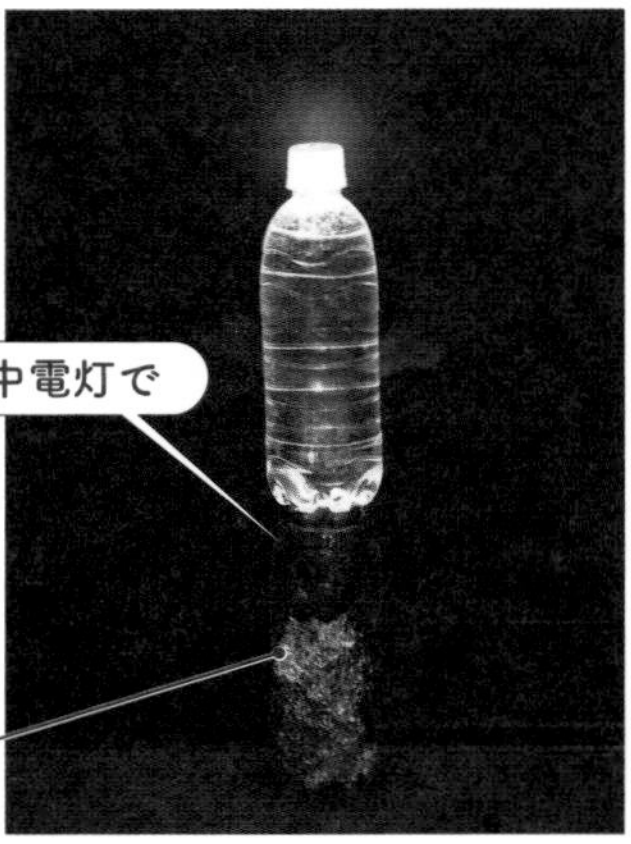
懐中電灯で

スマホのライトで

シャワー

ペットボトルのキャップにキリなどで穴を開け、水を入れたペットボトルにつけるだけ。ぐっと押すとシャワーとして使えます。キャップを開けてそのまま使うより、節水になります。

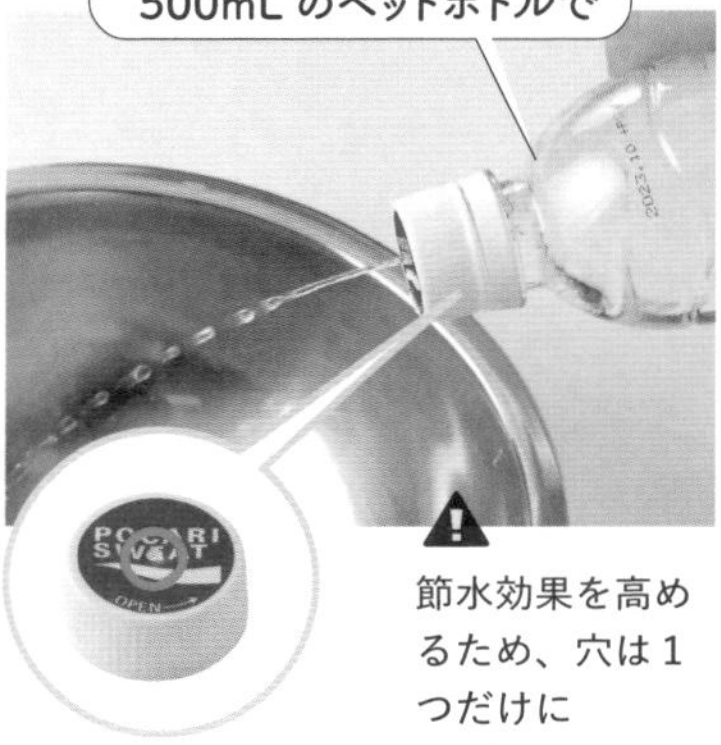
500mL のペットボトルで

⚠ 節水効果を高めるため、穴は１つだけに

デリケートゾーンを洗うときなど、排泄介助にも役立ちます。普段から使い慣れておくと安心です。

食器

カッターやはさみなどを使い、ペットボトルを横半分に切れば浅い皿に、一面だけ切り取れば深い皿として使えます。汁気があるものは深い皿など、料理に合わせて使い分けを。

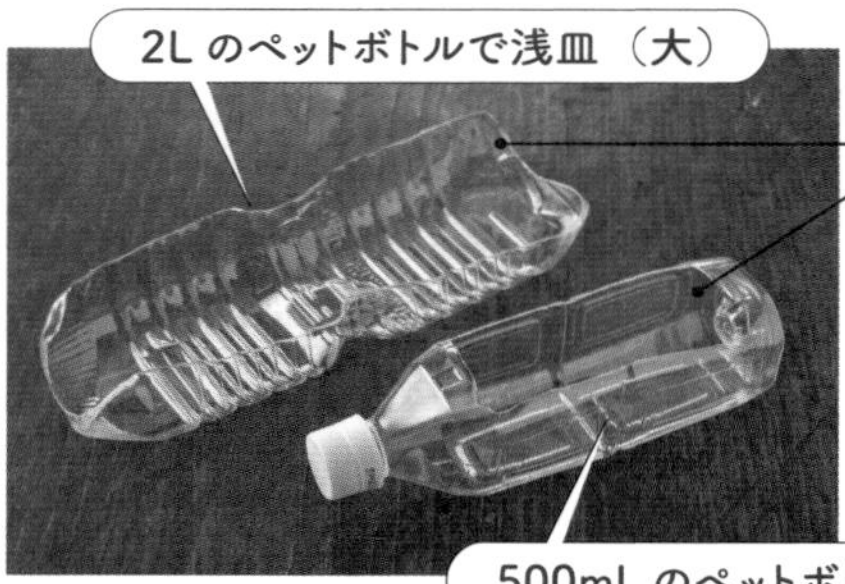
2L のペットボトルで浅皿（大）
500mL のペットボトルで深皿（小）

⚠ 切り口が鋭利なので、ライターの火などであぶって丸くしよう。テープで保護してもOK

＼つくってみよう 4／

防寒具

寒い時期、電気や火が使えないときは、新聞紙で暖をとることができます。くしゃくしゃにして空気を含ませるのがポイントです。

使うもの
・新聞紙
・45L ゴミ袋

まんべんなくくしゃくしゃに!

❶ 新聞紙を1枚取り出し、全体をたたき合わせるようにしながらくしゃくしゃにもみます。

完成!

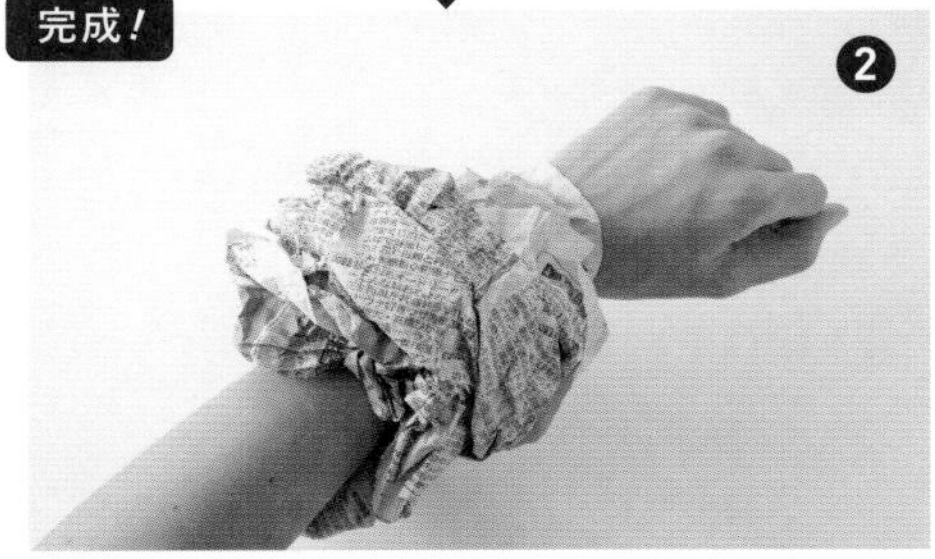

❷ そのまま手首に巻き付けます。

手首のほか、首や足首、腰などにも巻いてみてください。さらに上からアルミホイルを巻くと、もっと温かくなりますよ。

❷ ゴミ袋の中に入れていきます。45L のゴミ袋なら、8枚ほど入れるとちょうどよい量に。

完成!

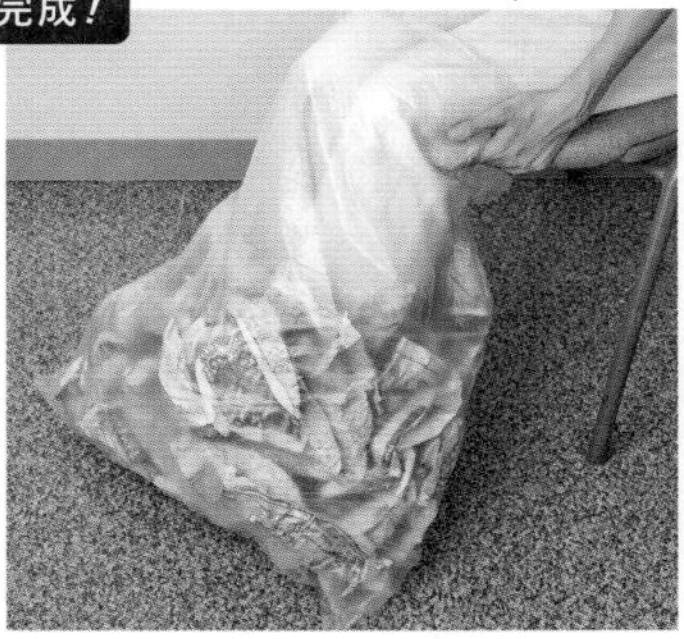

❸ ゴミ袋の中に足をズボッと入れるだけ。つま先までぽかぽかと温まります。

P ペットシーツ＋水＋レジ袋＝ 枕・氷嚢《ひょうのう》

ペットシーツの高分子ポリマーは、水を含ませるとプニプニとした触り心地になり、レジ袋などに入れれば枕として使えます。ひんやりするので、暑い時期には氷嚢にもなります。

S 新聞紙＋ **G** ゴミ袋＝ ボール

もやもやした気持ちを新聞紙に書き出し、びりびりに破るとストレス発散に。さらに、破った新聞紙を袋に入れて口を結べばボールになります。被災中のレクリエーションに使えます（→ P89）。

“やわらか頭”でいろいろ組み合わせて試してみましょう!

備える❷
耐震強化

まずは1か所、滑り止めシート1枚から！

耐震強化におすすめのグッズ

100円ショップのものでOK

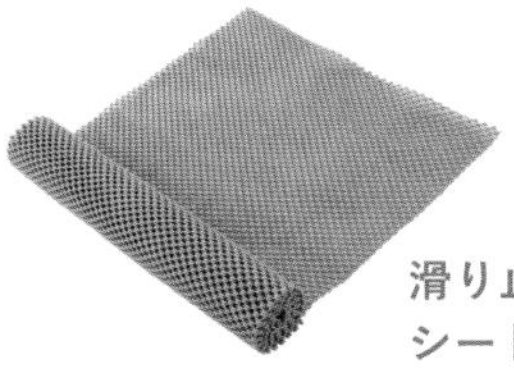
滑り止めシート

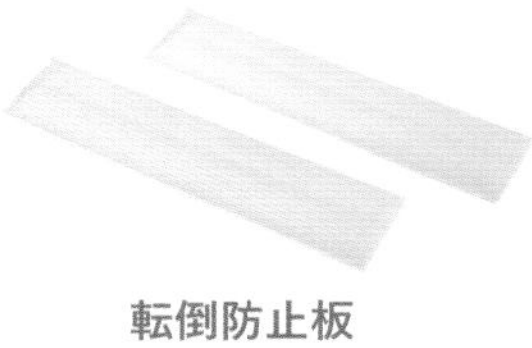
転倒防止板

耐震マット

S字フック

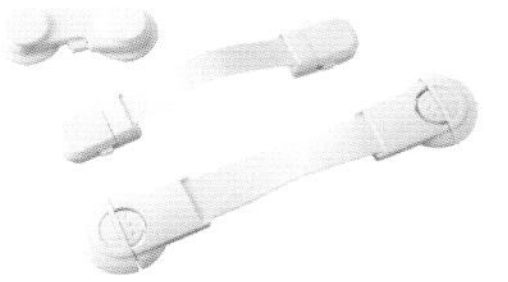
キャビネットロック、ドアストッパー

キャスターロック

いずれも100円ショップで手に入ります。なかでも滑り止めシートは、使い勝手がいい優秀グッズ。“ものが落ちそうなところ”に敷くだけで防災力がぐっと高まります。

ホームセンターなどで調達

突っ張り棒

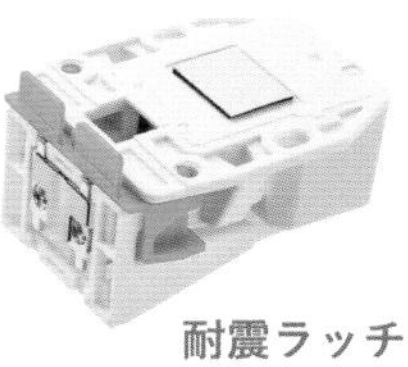
耐震ラッチ＊

1000～2000円前後で調達できます。特に、震度5以上の揺れを感知すると扉をロックする耐震ラッチは、お金のかけどころ。キリとドライバーなどで取り付けます。

単体ではなく、複数のグッズを組み合わせて使う“重ねワザ”で耐震強度を高めましょう。使用例は次のページから！

ざっくりでＯＫ。できそうなところから始めてみよう

地震で大きな家具が倒れてきたとき、介護が必要な人が自力で避けるのは難しいもの。運よく助かったとしても、家の中が壊滅状態だと、今度は普段の介護がままならなくなります。地震から自分たちの命を護り、かつ、生活を早く立て直すには、**家の中のものが「落ちない」「倒れない」「動かない」「飛んでこない」**工夫が必要です。

そこで役立つのが、１００円ショップなどで手に入るプチプラの耐震グッズです。実際に、私の家の家具、家電の大半が、それらの重ねワザで耐震強化しています。ほかにも、ものの配置や家具の重心の工夫など、少しの手間と意識づけで防災力は上がります。

一度に全部やろうとしなくて大丈夫。まずは滑り止めシートを１枚、適当に切って敷くだけでＯＫです。できそうなところから始めてみましょう。

＊開き扉用耐震ラッチ PFR-TSA α（白、濃茶、グレーの3色）／株式会社ムラコシ精工 https://murakoshishop.com

リビングの地震対策

❷
小物類はケースにしまうのがベスト

こまごました小物類は、地震で飛び散ると踏みつけてケガのもとに。箱収納がおすすめです。底面に両面テープなどで滑り止めシートを貼ると、棚などから滑り落ちるのも防げます。

❶
テレビの脚には耐震マットがおすすめ

テレビは、地震で倒れたり飛んできたりする可能性大。脚に耐震マットを貼り付けて、固定しましょう。

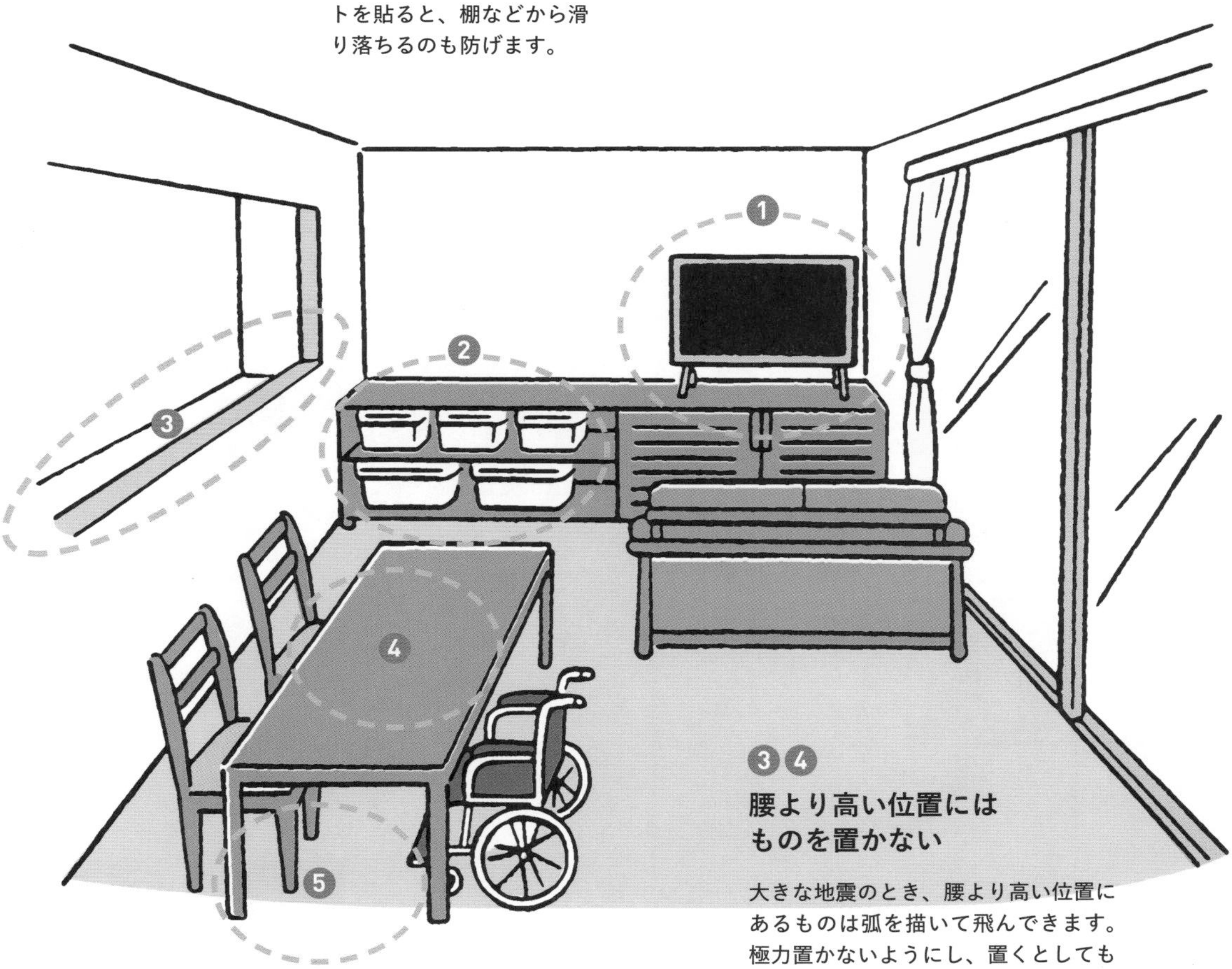

❸❹
腰より高い位置にはものを置かない

大きな地震のとき、腰より高い位置にあるものは弧を描いて飛んできます。極力置かないようにし、置くとしても軽いものにとどめましょう。

❺
いざというときに逃げ込める安全地帯を見つけておく

ここにいればものが落ちてこない、当たらないという空間を、1か所でいいので見つけておきましょう。「地震が来たらすぐそこに逃げる」と家族で共有し、日頃から練習しておくことも大切です。

リビングに介護用ベッドがあり、被介護者の方が普段そこで過ごしている場合、一年通して掛け布団は用意しておきましょう。地震の際にかぶれば、身を護れます。

寝室の地震対策

❷❸

ラグの下やベッドの脚には滑り止めシートを

ラグは、万が一滑ると転倒や逃げ遅れの原因に。敷くならラグと床の間に滑り止めシートを１枚挟んでおきましょう。ベッドも大きな地震では動くので、同じく滑り止めシートで対策を。

❶

ペンダントライトはなるべくチェーンを短く

チェーンが長いと、揺れたときの遠心力でチェーンが切れることもあり危険です。なるべく短くし、ガラス製の照明なら飛散防止フィルムなどを貼ったり、いっそ樹脂製のものに買い替えたりするのも１つの方法です。

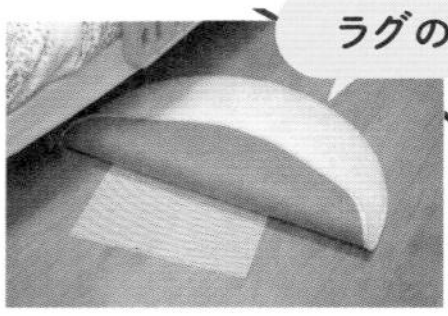
ラグの下

ベッドの脚

1
2
3
4
5

❹

クローゼットは寝る前だけロックする

服１枚が床に落ちるだけでも、足をとられて転ぶなど命取りになります。寝る前にキャビネットロック、Ｓ字フックなどで開きにくくすると安心です。

S字フックは外す方の
先端を上にする

❺

棚には転倒防止板をかませる

倒れたり動いたりしないよう、棚と床の間に転倒防止板をかませましょう。全面に使うのがベストですが、大きな棚なら両端や、両端＋中央に使うだけでも効果はあります。

寝室はクローゼットなどの収納棚がドアをふさがないか、配置に注意しましょう。すぐに逃げられるよう、避難経路の確保は必須です。

キッチンの地震対策

❶ 冷蔵庫の上は突っ張り棒や段ボールで埋める

大地震では、冷蔵庫は歩き出します。床に耐震マットを敷き、さらに天井との隙間を突っ張り棒や、中身を詰めた段ボールで埋めておきましょう。

❷ 吊り戸棚には耐震ラッチ＋キャビネットロック

高さがあるため、ものが落ちてくると危険です。できれば耐震ラッチ＋キャビネットロックの二重対策がおすすめ。なるべく軽いものを収納しましょう。

❸ 熱くなる家電の下には耐震マットを

樹脂製の滑り止めシートは、電子レンジや炊飯器の下に敷くと熱で溶ける可能性が。「四隅に耐震マット」がおすすめです。

❹ キャスターにはロックをかける

ロックのついていないキャスターの場合は、100円ショップのキャスターロックが便利です。手前2つにつけるだけで動かなくなります。

❺ 食器はケースに入れて引き出しにしまうのがベスト

引き出し収納＋ドアストッパーで、食器の飛び出しを防げます。引き出し内でケースに入れると、万が一割れてもケースごと取り出せて、片づけやすく◎。

冷蔵庫の扉にはドアストッパーもつけておきましょう。また、冷蔵庫内の棚に滑り止めシートを敷き、食品はメッシュ状のケースに入れると揺れても飛び出さず、中で倒れることもないのでおすすめです。

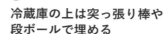

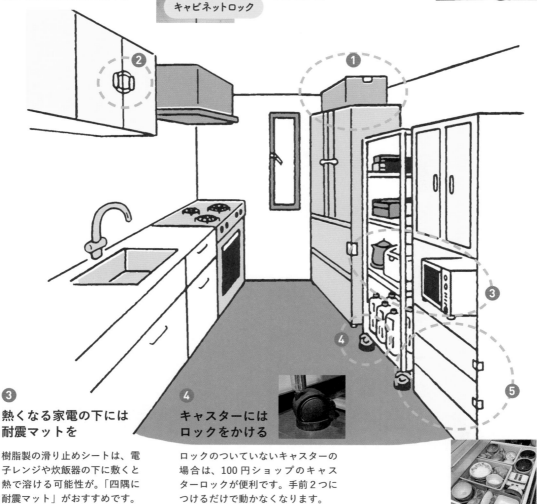

〚そのほかの地震対策〛

トイレ

❶

吊り収納は滑り止めシートと収納ケースで対策

軽いものでも、狭い個室内に散らばると片づけが面倒です。吊り収納には滑り止めシートを敷き、小物類は収納ケースに入れておきましょう。

❷

トイレマットは敷かない

トイレにいるときに地震が来たら、閉じ込められる前にすぐ逃げます。マットがあると足をとられかねないので、敷かないのがベター。

ものが倒れてドアをふさがれると、出られなくなってしまいます。入り口付近にはものを置かないように！

洗面所

軽いものは上へ。箱などに入れて飛び出し予防

大きな地震では、鏡の中や、鏡の横にある収納棚からも、ものが飛び出してきます。飛び出しを防ぐため、プラスチックケースなどに入れて管理しましょう。軽いものは上を定位置に。

浴室

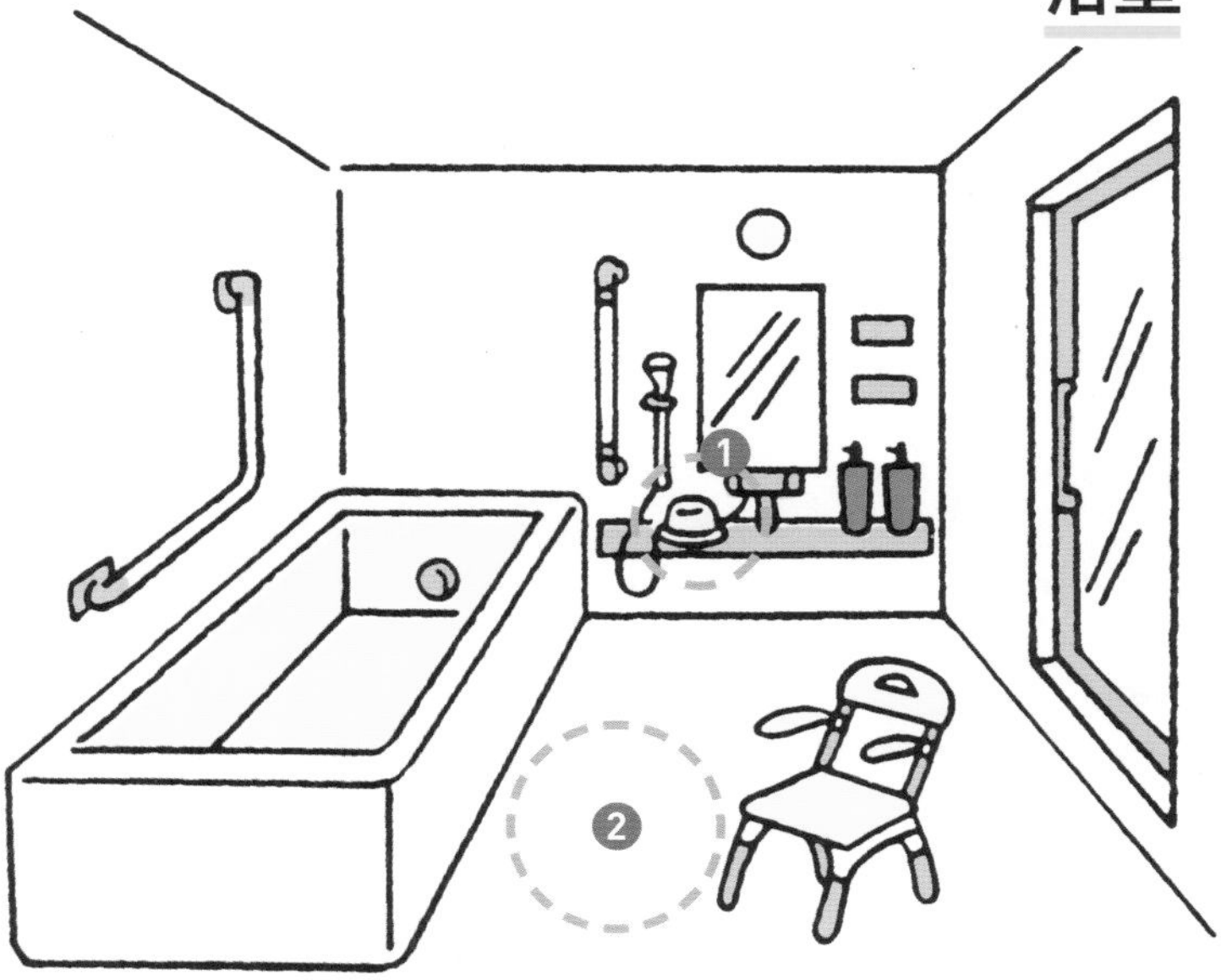

❶ すぐにかぶれるよう 洗面器は手の届くところへ

洗面器は頭を守るのに使えます。揺れたらサッとかぶれるよう、常に手の届きやすいところに置いておきましょう。

入浴介助で相手が湯船に浸かっているときに地震が来たら、相手を抱えてすぐ飛び出てください。着替えは後回し！　玄関やリビングなど安全な場所まで逃げましょう。

❷ 床にはなるべくものを置かない

足元の小物類は、逃げるときの妨げになります。ものは極力少なくしましょう。使い終わったらケースに入れ、脱衣所に出しておくのも◎。

玄関

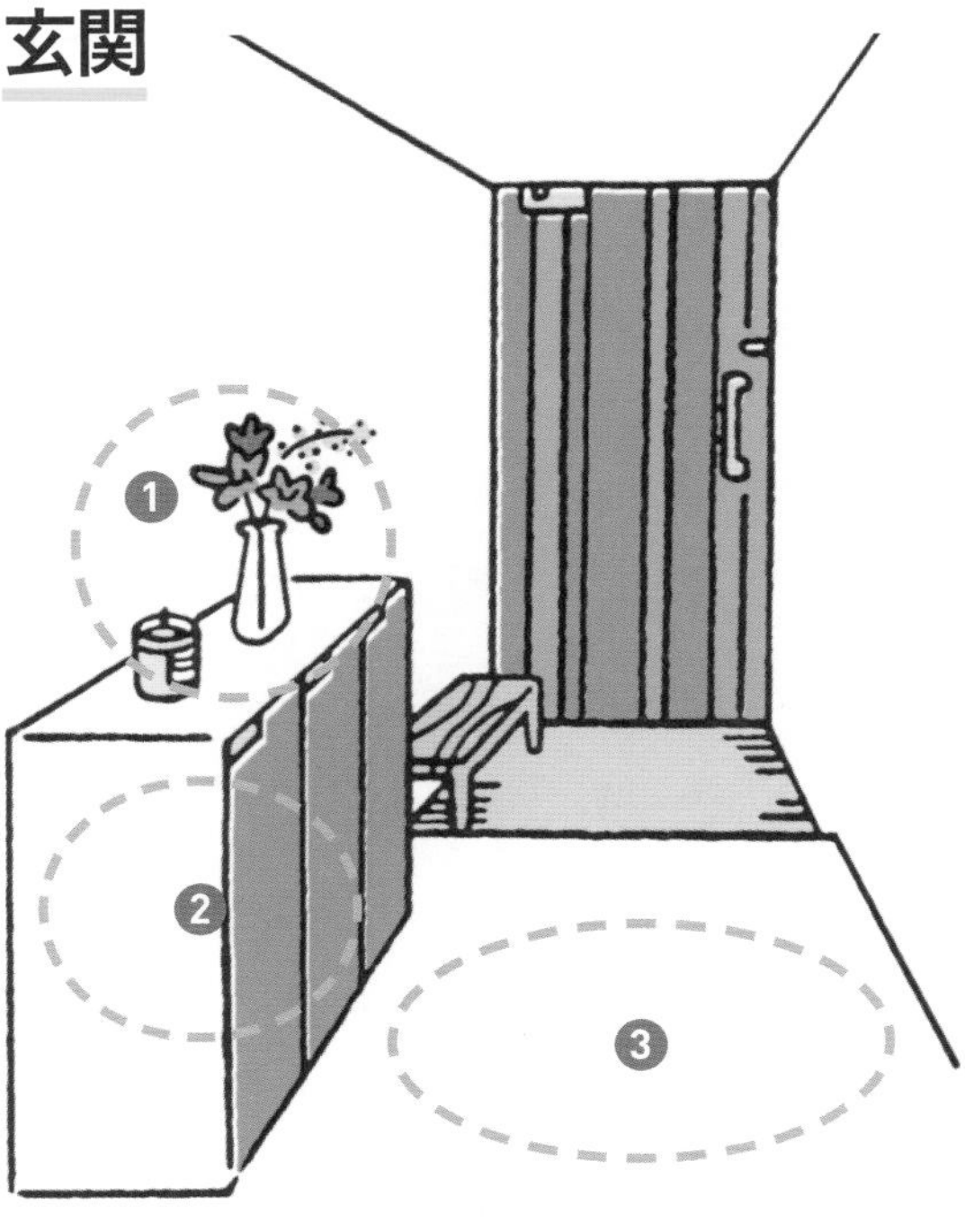

❶ 下駄箱の上の小物類も 耐震マットなどで固定を

飾ってもOKですが、地震対策はマストです。小物の下に耐震マットを敷く、花瓶はガラスではなく割れない素材のものを選ぶなど、工夫しましょう。

❷ 防災リュックは 玄関収納へ

逃げるときに部屋の奥から持ってくるより、最初から玄関に置いておくほうが効率的です。玄関は構造自体が頑丈なので、必ず取り出せるという安心感も。

❸ 玄関マットは足をとられると危険なため、置かない

備える❸
備蓄

ちょうどよい量を考えてストックする

【水・食料・電源は特に重要】

最低でも1週間は乗り切れる量を備えよう

食料

普段食べているものを少し多めにストックする

米やパスタなどのほか、インスタントラーメン、缶詰、レトルト食品など、普段食べていて保存のきくものを少し多めにストックします。ソースや缶詰は、冷蔵庫の残りものと混ぜて湯せんすれば、立派なおかずに（→ P52）。

防災食でなくても OK

カンパンなどの防災食は、毎食続くと心にこたえます。食べ慣れたもので備えるほうがおすすめです。

水

1人あたり1日3Lに、介護に使う分をプラスする

人が1日に必要とする最低限の水の量は、飲食用に2L、生活用水に1Lの計3L。それを人数分、介護に使う分も加えて備えます。普段の入浴や清拭、排泄の介助に、洗面器で何杯分の水を使っているか、ざっくり計算してみましょう。

予備電源

医療機器がある場合はマスト。普段の消費量をチェック

蓄電池を用意しましょう。月々の電気使用量の通知などから、普段どのくらいの電気を使っているか、そのうち人工呼吸器や吸《きゅう》痰《たん》機器などの医療機器が占めるのはどのくらいかを割り出し、数回分はフルで充電できる容量を確保します。

家全体を〝備蓄庫〟として考えよう

防災専用の備蓄品を用意し、期限が切れるまで保管するという人が多いようですが、それだと場所をとります。使うかわからないものを再度補充するのも、心理的負担が大きいものです。

備蓄は、家全体を備蓄庫として考え、**備えたものはどんどん普段使いで回していく**のがおすすめです。たとえば、お菓子やレトルト食品、冷凍食品も備蓄食料です。これらを多めに用意し、使ったらその分を補充する「**ローリングストック**」を心がけるのです。

備蓄において絶対的に必要なのは、水と食料。そして、家族の誰かが医療機器を使っている家庭なら、停電に備えて予備電源も必須です。

ストックが多すぎても、生活スペースを圧迫します。自分たちが普段どのくらい消費しているかを把握し、ちょうどよい量をストックしましょう。

保管場所や保管方法をチェック

寝室

リビングやキッチン

玄関

CHECK 1

水は分散して保管する

1か所にまとめて保管した場合、万が一保管場所に入れなくなると大変です。分散して保管しましょう。なお、水は災害用の保存水ではなく、普通の飲用水でOK。食料と同じく普段から使用し、使った分だけ補充を。

CHECK 2

食料は箱収納で“見える化”しておく

ケースなどに立てて収納すると、在庫管理がしやすく、いざというときも使い勝手がよくおすすめです。防災リュックに入れる分も含めて、普段の食事に使い、その都度補充しましょう。冷蔵庫の冷凍室の中身も同様です（→ P50）。

足りなくなったら
ひと目でわかる

CHECK 3

予備電源はときどき使って動作の確認を

定期的に使って、動作の確認をしましょう。小さめのポータブルバッテリーを2つ買い、1つは普段使いに、もう1つは落ちたり濡れたりする心配のない、安全なところに保管するのもよいでしょう。

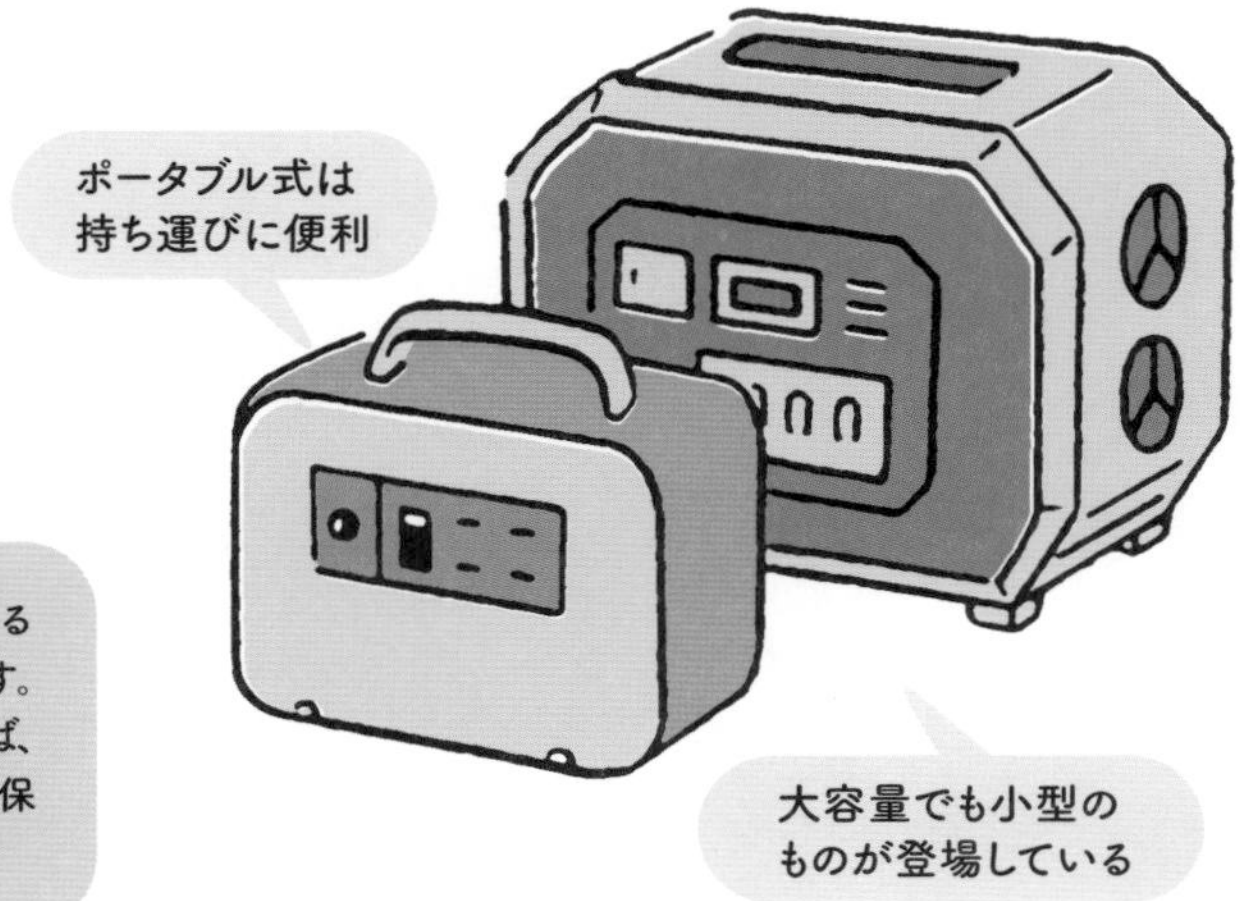
ポータブル式は
持ち運びに便利
大容量でも小型の
ものが登場している

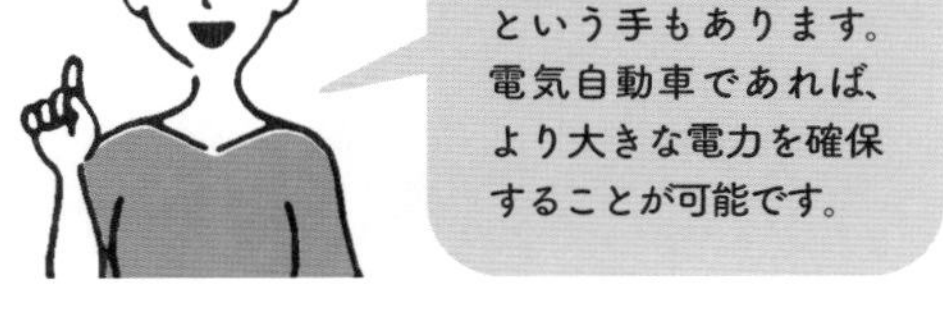
自動車から電源をとる
という手もあります。
電気自動車であれば、
より大きな電力を確保
することが可能です。

私はこれだけ備えています！

ツジナオ流 備蓄品をチェック

**大人１人で１か月程度、インフラも物流も止まることを想定した備えですが、
被介護者がいるご家庭となると、もっと手厚い備えが必要な場合も。
「東京備蓄ナビ（→ P23）」も参考にして、自分たちに必要なものを考えてみましょう。**

水50L

断水してから給水所が設けられるまで 10 日間ほどと仮定すると、それまでしのぐには、大人１人につき 30L は必要。余裕を持って＋ 10 〜 20L ほどあると安心です。500mL、1L、2L など、ペットボトルの容量を変えて保管すると、使い勝手がよく、おすすめ。

食料

食料は、被災時に少しでも元気が出るよう、お気に入りのものを選ぶことも重要です。カセットコンロは複数台用意すると、同時調理ができるというメリットがあります。カセットボンベは平時なら 12 本ほどでもいいですが、台風が近づいてきたら買い足すと安心。

これらのほか、被災中は甘いものが癒《いや》しになります。チョコレート、フリーズドライの甘酒、嚥《えん》下《げ》に心配のある方は葛《くず》湯《ゆ》など、自分や家族の好きなものをストックしておくとよいですね。

- ☑ カセットコンロ× 3 台
- ☑ カセットボンベ× 30 本
- ☑ レトルトパスタソース× 20 個
- ☑ レトルトカレー× 10 個
- ☑ レトルトごはん× 30 パック
- ☑ パスタ（早ゆでタイプ）500g × 5 袋
- ☑ カップスープ× 10 個
- ☑ カップラーメン× 5 個
- ☑ 米 10kg

トイレ用品

以下に挙げた上の 3 つは災害用トイレ（→ P28）に必要なグッズです。これだけあれば 150 回はトイレに入ることができます。トイレットペーパーは、１回の使用量をミシン目２つ分に抑えれば、１人 12 ロールで１か月もちます。

- ☑ ペットシーツ（レギュラー）× 300 枚
- ☑ 45L ゴミ袋× 150 枚
- ☑ 新聞紙× 30 部
- ☑ トイレットペーパー× 12 ロール

介護に必要なら
＋ 介護用おむつ× １か月分

介護用おむつは、１か月分を目安にストックを。もしなくなったら、レジ袋とペットシーツで簡易おむつをつくるなど、あるもので代用して乗り切りましょう。

停電対策&情報収集

停電に備えて電源の確保はマストです。乾電池の消費量の目安は、１人あたり３日で単３×17本といわれています＊。太陽光で充電できるソーラーライトは必需品。モバイルバッテリーもソーラー式だとなおよいでしょう。情報収集のためのラジオも欠かせません。

- ☑ 電池（単３×40本、単１×20本）
- ☑ ソーラーライト×３個
- ☑ ランタン×５個
- ☑ モバイルバッテリー×５個
- ☑ 手回し充電式ラジオ×１台
- ☑ 電池式ラジオ×１台

介護に必要なら
＋ 予備電源（→ P38）

連絡手段や情報収集の手段として重要なのが、スマホです。モバイルバッテリーは必ず確保を。とはいえ、あっても使い切らなければ放電してしまい意味がないので、自分たちに合った容量、数を検討しましょう。

寒さ対策

使い捨てカイロは多めに用意しておくと◎。新聞紙を使った防寒具（→ P31）などと併用して、体温を維持します。石油ストーブがあってもよいかもしれません。

- ☑ 使い捨てカイロ×15個

暑さ対策

停電で冷房が使えない場合に備え、保冷剤などを冷凍室に常備しておくとよいでしょう。熱中症対策には、塩あめと水があれば、経口補水液の代わりとして使えます。

- ☑ 保冷剤×10個
- ☑ 塩あめ（塩分タブレット）×１袋

そのほか　必要に応じて用意したい備蓄品

衛生用品
- ☑ ドライシャンプー
- ☑ 体拭きシート
- ☑ おしり拭き　など

医療品
- ☑ 持病の薬（のみ薬、貼り薬、目薬）
- ☑ コンタクトレンズ　など

あると便利なストック品

- ☑ 空のペットボトル（→ P30）
- ☑ レジ袋（→ P31）
- ☑ ポリ袋（→ P52）
- ☑ 古いタオル（雑巾、災害用トイレのペットシーツの代わり）など

人によって必要なものは異なります。あなただけが考えるのではなく、あなたが護りたい相手にも意見を聞き、自分たちにとってのベストを模索していきましょう。

＊パナソニック株式会社の調べによる。

備える④
連絡先リスト

いざというときの連絡先リストをつくっておく

『一人ではどうにもできないことが起こりうる』

自分の外出中に地震が来た

自宅避難したが介護の人手が足りない

家にいる母の安否がわからない

逃げ遅れて閉じ込められてしまった

頼りになるのは近所の人

阪神・淡路大震災における救助の主体と救出者数

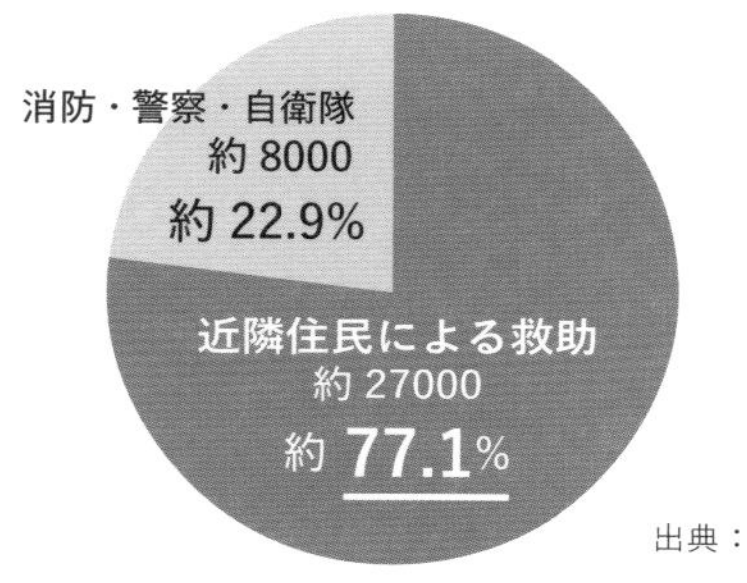
消防・警察・自衛隊
約 8000
約 22.9%
近隣住民による救助
約 27000
約 77.1%

阪神・淡路大震災では、救助された人の約 77％が近隣住民による救助だったというデータがあります。助かるには、周囲の人に自分たちの存在を認識してもらうことが重要といえます。

出典：「平成 26 年版　防災白書」（内閣府）を参考に作成

日頃からあいさつを通じて、近所の人との関係を築いておくことが大切

P12 参照

助けを求められそうな人とつながっておこう

自宅で介護をしている人の場合、被災すると、ほかの誰かの力が必要な場面が必ず出てきます。浸水に備えて避難しようにも、自分たちだけでは移動できないかもしれませんし、常に見守りが必要な相手を残して給水にも行けず、困るかもしれません。

そんなとき、頼りになるのはやはり、**近所の人**です。お隣さんや、町内会の会長や副会長、自治体の民生委員など、**いざというときに頼れそうな人とつながり、関係を築いておきましょう。**そしてそれは、日々のあいさつでしかつながれないものです。助けてもらうための種をまく気持ちで、自分から関わっていくことが大切です（→P12）。

連絡先は紙などに控えて持ち歩くと安心です。また、介護サービスを利用している場合は、関係者の連絡先も一緒に控えておきましょう。

〚緊急連絡先を書き出してみよう〛

緊急連絡先

〇〇さん（お隣さん）
TEL不明（部屋番号〇〇〇号室）

〇〇区地域見守り支援センター
△△課　〇〇係
×××－×××－××××

町内会長 〇〇さん
×××－××××－××××

ケアマネ 〇〇さん　×××－××××－××××
（介護支援事業所　××－××××－××××）

ホームヘルパー 〇〇さん
×××－××××－××××

〇〇デイサービス
×××－×××－××××

………　………

地域住民の代表や自治体の窓口を控えておく

住んでいる地域の民生委員、町内会に入っているなら会長や副会長など、その地域で中心となって動いている人は、災害時にもリーダーシップをとってくれる可能性が高いです。つながっておきましょう。

介護サービスを使っているなら担当者の連絡先も

ケアマネやホームヘルパー、デイサービス先の担当者など、介護サービス関係者は被介護者の心身のことをよく理解してくれています。被災したら必ず連絡をとり、困ったことがあれば相談しましょう。

連絡先はスマホに登録するだけでなく、万が一バッテリーが切れても、勤務先の固定電話や公衆電話などからかけられるよう、手帳やメモ帳に書いて持ち歩きましょう。

防災豆知識

災害用伝言ダイヤル「171」は、体験利用ができる

災害用伝言ダイヤルは、災害発生時に電話がつながりにくくなった場合にNTTから提供されるサービス。「171」に電話をかけることで、メッセージを残したり、相手が残したメッセージを聞いたりすることができます。毎月1日と15日の終日、体験利用ができます*。ぜひ一度、ご家族で使ってみてください。

〈利用の手順〉

1 171に電話をかける
《以下、ガイダンスに従いながら》

2 録音か再生かを選ぶ

3 電話番号をダイヤルする

4 メッセージを録音する or
メッセージを再生する

＊正月三が日（1月1日0:00～1月3日24:00）、防災週間（8月30日9:00～9月5日17:00）、防災とボランティア週間（1月15日9:00～1月21日17:00）も体験利用が可能。

基本❹

自宅避難？外へ避難？判断基準を持っておく

水害や土砂災害には避難情報が出される

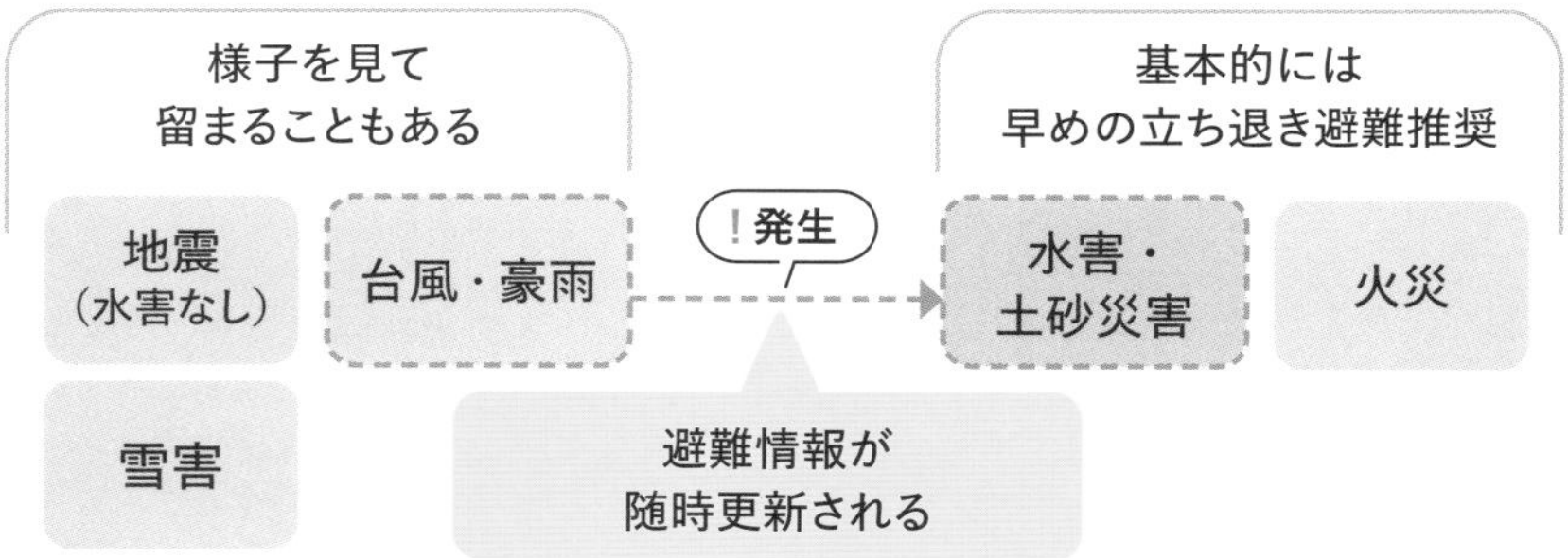
様子を見て
留まることもある
基本的には
早めの立ち退き避難推奨
地震
（水害なし）
台風・豪雨
！発生
水害・
土砂災害
火災
雪害
避難情報が
随時更新される

行政から避難情報が出されるのは、主に水害や土砂災害の危険が高まったとき。また、必ずしも立ち退き避難がベストとは限らず、自宅避難が安全な場合も。情報は随時更新されるので、状況をよく見て行動します。

気象庁・市区町村が出す警戒レベルと避難情報

発令	警戒レベル	避難情報等
	5	緊急安全確保（すでに災害が発生・切迫）
	警戒レベル4までに必ず避難！	
市区町村が発令	4	避難指示（全員が避難）
市区町村が発令	3	高齢者等避難（避難に時間がかかる人は避難）
気象庁が発令	2	大雨・洪水・高潮注意報
気象庁が発令	1	早期注意情報

介護が必要な人がいるなら、警戒レベル2で準備を始め、警戒レベル3で避難する！

どう行動するのか あらかじめ決めておこう

災害が発生した場合、とるべき避難行動は大きく分けて2つあります。自宅で避難する**屋内安全確保**か、自宅の外へ避難する**立ち退き避難**です。

どう行動するかは、災害の種類や、住んでいる建物の構造、立地などによって異なります。前もって**「避難行動判定フロー」**（次ページ）などで自分たちがとるべき行動を確認し、避難のタイミングを明確にしておきましょう。特に、**介護を必要とする人は、移動に時間がかかります。**外に避難する場合は、早めの行動開始が肝心です。

原則として、気象庁などから避難情報が出されるのは、水害や土砂災害などの危険が高まったとき。このときは「キキクル」*という、災害発生の危険度をリアルタイムで表示してくれるウェブサイトも連携して稼働します。こまめに情報をチェックしましょう。

＊ https://www.jma.go.jp/bosai/risk　※2023年1月末の情報です。常に最新情報をチェックしましょう。

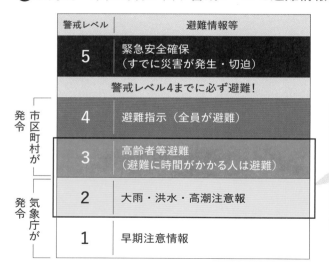

〚台風・豪雨時に備えて「避難行動判定フロー」をチェック〛

どのタイミングでどう行動すればいいのかがわかるフローチャートです。
各自治体が出しているので、自分たちの住んでいる地域のものを確認しておきましょう。

＼＼ START ／／

ハザードマップで自分の家がどこにあるか確認し、印をつけてみましょう。

P22 参照

避難行動判定フローは、内閣府の LINE 公式アカウント「内閣府防災」でも確認できます。

↓

家がある場所に色が塗られていますか？

→ いいえ：色が塗られていなくても、まわりと比べて低い土地や崖のそばなどにお住まいの方は、市区町村からの避難情報を参考に、必要に応じて避難してください。

↓ はい

災害の危険があるので、原則として（※）**立ち退き避難（自宅の外に避難）**が必要です。

→ 例外：※浸水の危険があっても、

❶ 洪水により家屋が倒壊または崩落してしまうおそれの高い区域の外側である
❷ 浸水する深さよりも高いところにいる
❸ 浸水しても、水がひくまで我慢でき、水・食料などの備えが十分にある

上記❶〜❸の条件を満たす場合は、**屋内安全確保（自宅に留まり安全を確保すること）**も可能です。

↓

ご自身または一緒に避難する方は避難に時間がかかりますか？

はい ↓

安全な場所に住んでいて身を寄せられる親戚や知人はいますか？

- はい：**警戒レベル3（高齢者等避難）**が出たら、**安全な親戚や知人宅に避難**しましょう（日頃から相談しておきましょう）。
- いいえ：**警戒レベル3（高齢者等避難）**が出たら、市区町村が指定している**指定緊急避難場所に避難**しましょう。

いいえ ↓

安全な場所に住んでいて身を寄せられる親戚や知人はいますか？

- はい：**警戒レベル4（避難指示）**が出たら、**安全な親戚や知人宅に避難**しましょう（日頃から相談しておきましょう）。
- いいえ：**警戒レベル4（避難指示）**が出たら、市区町村が指定している**指定緊急避難場所に避難**しましょう。

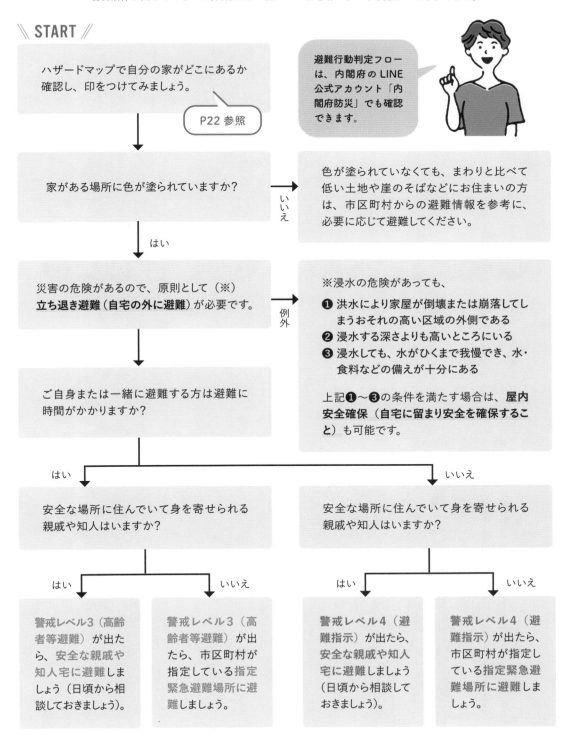

〚災害別・避難行動をシミュレーションしてみよう〛

地震

揺れている間は安全なところでやり過ごす

落下物から身を護るのが最優先。揺れている間はテーブルの下など安全なところに潜り込み、手を首の後ろに回して丸くなる「ダンゴムシのポーズ」でやり過ごします。

ダンゴムシのポーズは、頭と、太い血管の通る首と手首を落下物から護ります。自分も首の後ろを押さえながら、護りたい相手の上に覆いかぶさるとよいでしょう。

水害の危険 あり

海や河川の近くにいるなら、すぐに遠く＆高いところへ避難

津波が来る場合は、すぐに立ち退き避難します。できるだけ遠く、そして高いところへ逃げる「水平垂直避難」が原則です。どこへ逃げるか、あらかじめ段取りを組んでおきましょう（→ P60）。

水害の危険 なし

家の中を片づけて自宅避難

津波の心配がなく、家も倒壊しそうになければ、そのまま自宅避難でよいでしょう。家族で過ごすリビングや、調理ができるようにキッチンを優先して片づけ、生活できる状態をつくります。

津波が来る地震かどうかは、揺れ方でもある程度予測がつきます。特徴を覚えておくとよいでしょう。

津波は来ない

直下型

- 緊急地震速報が鳴る前に揺れる
- ズドンと突き上げ、横に揺れる
- 短く、１分程度で収まる

津波が来る

海溝型

- 緊急地震速報が鳴った後に揺れる
- 始まりはゆるやかで、だんだん強くなる
- 長く、２～３分揺れ続ける

台風・豪雨

気象情報をこまめにチェック

状況は刻一刻と変化します。気象情報をこまめに見ながら、避難の準備を進めます。「キキクル」や、GPSと連動して通知が来るタイプの防災アプリなどをスマホに入れておくと、情報が随時入ってきて便利です（→ P68）。

浸水や土砂災害の危険がある地域

警戒レベルに合わせて行動を起こす

災害発生の危険度を示す警戒レベルの変動に合わせ、自宅に留まるか、外へ避難するかを判断します。雨の中、介護が必要な人を連れての避難は時間がかかるため、早めの行動が肝心。警戒レベル２で準備を始め、３で避難を開始します。

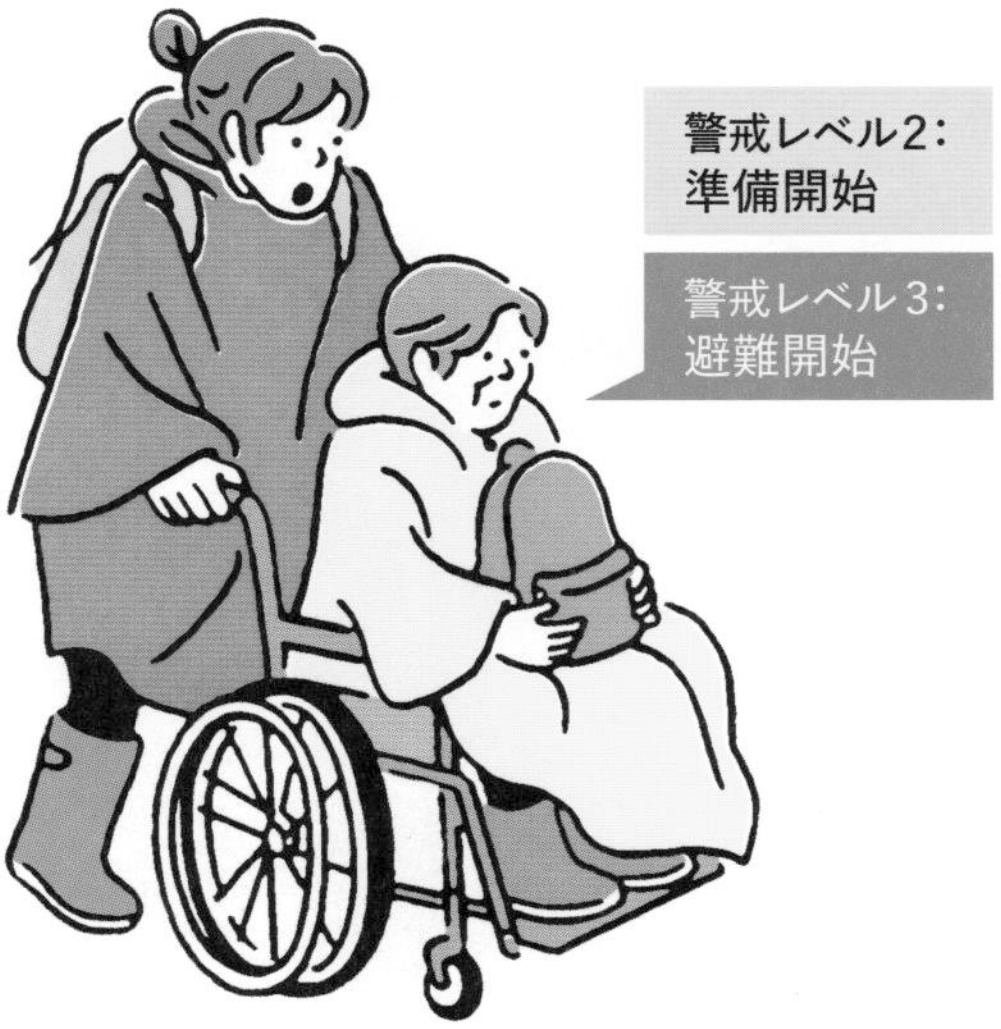
警戒レベル2：
準備開始
警戒レベル3：
避難開始

浸水や土砂災害の危険が低い地域で、次の3つの条件を満たしている*

❶ 家屋倒壊等氾濫想定区域（洪水により家屋が倒壊または崩落してしまうおそれの高い区域）に入っていない
❷ 浸水深《しんすいしん》より居室が高い位置にある
❸ 浸水しても、水がひくまで我慢でき、水・食料などの備えが十分にある

物資を準備して自宅避難

マンションの上層階に住んでいるなど、浸水リスクが低く、外に逃げるほうが危険な場合は、自宅避難という選択肢もあります。ただし、下の階が浸水すれば、水がひくまで地上に下りられません。十分な備えが必要です。

⚠ 浸水深の目安（マンションの例）

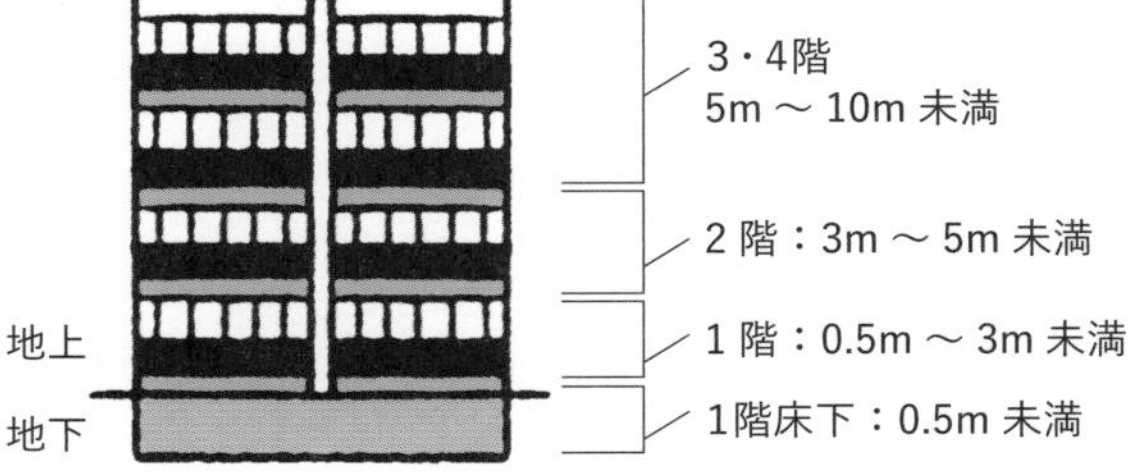
地上
地下
3・4階
5m ～ 10m 未満
2階：3m ～ 5m 未満
1階：0.5m ～ 3m 未満
1階床下：0.5m 未満

そのほか

雪害 → 雪かきができないなら避難
火災 → すぐに避難

雪害は、雪かきがどこまでできるかで考えます。人手が足りず、毎日こなすのが難しいなら、早めに立ち退き避難を。火災は津波と同様、すぐに避難が原則です。

＊❶と❸水がひくまでの時間（浸水継続時間）はハザードマップに記載がない場合があるため、住んでいる自治体に問い合わせを。なお、「重ねるハザードマップ」（→ P22）には、❶と❸の記載はありません。

自宅避難❶

ライフラインが止まったら電源と水を優先して確保

使いどころを意識しながら備えたものを上手に使う

大きな災害が起こったとき、電気や水道、ガスの供給が止まる場合があります。そして「地震10秒診断（↓P23）」をやってみるとわかるとおり、**ライフラインの復旧には、思いのほか時間がかかります。**

自宅避難する場合、普段の備えが活きてくるのですが、被害の大きさによっては数日では済まないかもしれません。**復旧まで耐え抜くには、備えたものを上手に使う工夫が大切**です。

まず、優先するべきは電源と水の確保です。蓄電池などの予備電源は、介護に用いる医療機器を優先させて使い、スマホの充電はソーラー式バッテリーなどを活用しましょう。

水は、もし断水前なら、水道水を溜めてください。密封すれば常温で3日は持ちます。清潔ケア（↓P58）を含め、使いどころをよく考えましょう。

〚 電源は使いどころを考える 〛

予備電源は医療機器を優先させて使う

介護に医療ケアが必要な場合、予備電源（→ P38）はその医療機器への使用を優先します。絶対に停止できない機器はどれか、電気を使わない道具での代用は可能かなど、検討しておきましょう。

- 人工呼吸器
- 吸痰機器
- 酸素濃縮器

など

新聞紙で寒さ対策
（→ P31）

寒さ・暑さ対策は防災グッズも併用

使い捨てカイロや保冷剤のほか、新聞紙でつくる防寒具、ペットシーツでつくる氷嚢《ひょうのう》など、電気のいらない寒さ・暑さ対策はさまざまあります。遊び感覚で試しておくと◎。

氷嚢で暑さ対策
（→ P31）
中に濡らしたペットシーツ

節水＆給水のコツを身につけておく

生活用水はペットボトルシャワーで少量ずつ使う

ペットボトルの水は、そのまま使うと必要以上に消費します。キャップにキリなどで穴を１つ開けて使えば、シャワーに早変わり（→ P30）。手洗いや食器洗いのほか、排泄介助でデリケートゾーンを洗うのにも便利です。

（→ P30）

手を洗う

食器を洗う

排泄介助で使う

断水する前なら急いで水を溜める

被災してから断水するまでにタイムラグがある場合は、水が出るうちに溜めておきましょう。ペットボトルやバケツのほか、段ボールも貯水タンクに。45L のゴミ袋を二重にかぶせれば、水を大容量溜められます。

1. 段ボールの底をガムテープでしっかり留める。
2. 45L のゴミ袋を 2 枚、段ボールに二重にかぶせる。
3. 八分目まで水を入れ、内側のゴミ袋をひとつ結びにする。
4. 外側のゴミ袋を結ぶ。

NG お風呂に直接水を溜める

浴槽はあまり衛生的ではないので、直接溜めるのは×。水を溜めた容器の一時保管場所として使うのは OK です。

給水に行くならリュックがおすすめ

断水が続く地域では、被災から約 10 日～2 週間ほどで給水所が設けられることが多くあります。容器を持参する必要があるのですが、おすすめはリュック。ゴミ袋を二重にかぶせて使えば、ポリタンクやペットボトルなどを抱えて運ぶより楽です。

P91 参照

1. リュックを広げ、中に 45L のゴミ袋を 2 枚、二重にしてセットする。
2. 水を半分～八分目まで入れ、内側のゴミ袋をひとつ結びにする。
3. 外側のゴミ袋を結び、リュックを閉める。
4. 屈んでリュックを背中全体で背負い、腰を痛めないよう、斜め上に進むように立ち上がる。

自宅避難❷

普通の日も食べたくなる防災メシで、心を豊かに

冷蔵庫の中身を計画的に使う

被災したら、なるべく早めに献立の計画を立てる

自宅避難中は、家にあるもので食いつなぐことになります。停電すれば、冷蔵庫の貴重な食材が傷むのは時間の問題。冷蔵庫の中に何が入っているかを早めに確認し、この先の献立を考えることが大切です。

食材を消費する順番

1 生鮮食品から使う
2 冷凍食品は溶け始めるまで手をつけない
3 野菜や乾物は少しずつ使う

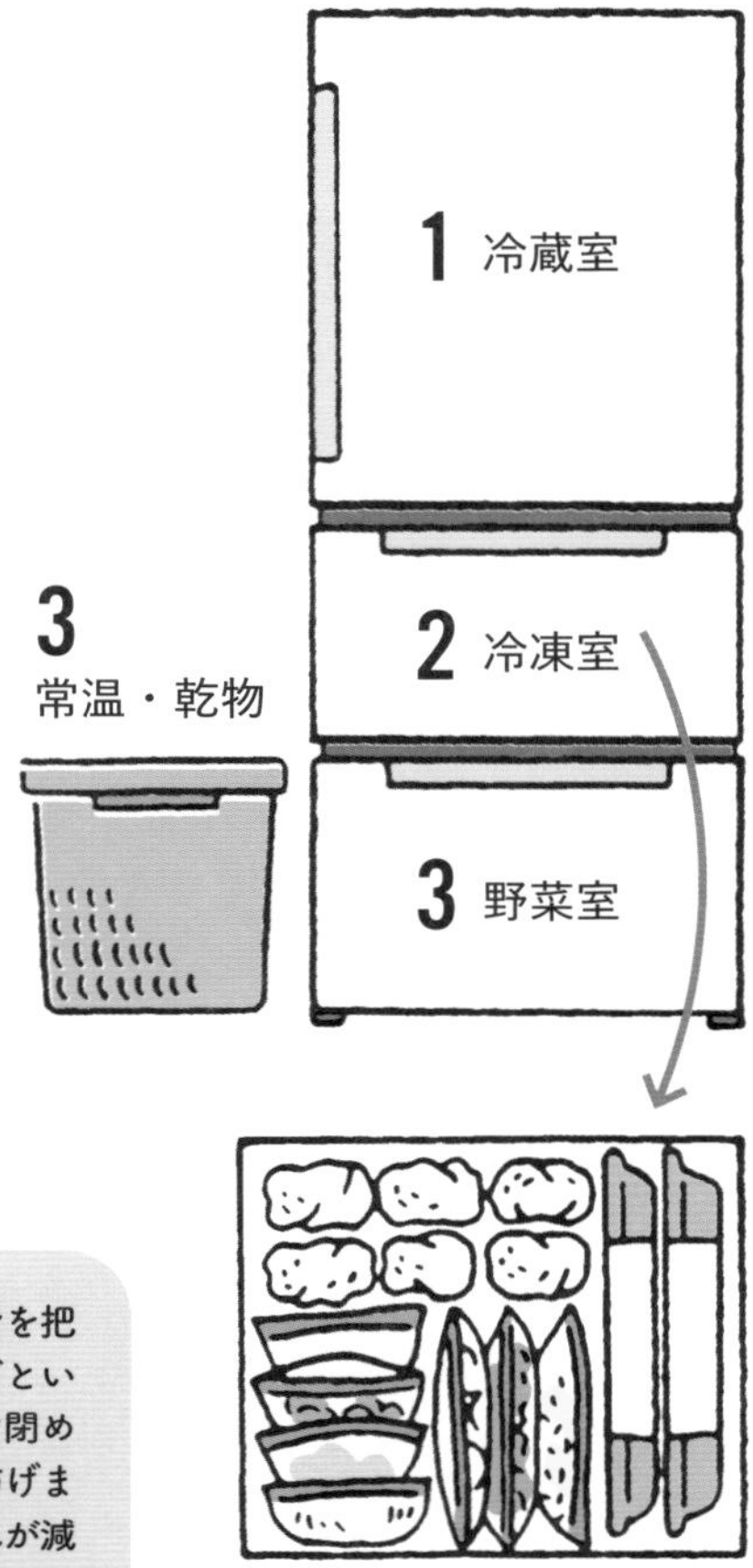
1 冷蔵室
2 冷凍室
3 野菜室
3
常温・乾物

冷凍室の中身も見える化＆ローリングストックで在庫管理を（→ P39）

いつも冷蔵庫の中身を把握しておけば、いざというときに無駄な開け閉めで冷気を逃すのを防げます。また、買い忘れが減るなど普段の献立づくりにも嬉しい効果が！

平時に近い〝あったかごはん〟は生きる活力になる

災害時に食べるごはんというと、冷たいものや非常用の缶詰をイメージする人が多いようです。しかし、カセットコンロなどの熱源があれば、いつもと同じ温かいごはんをつくれます。

ただし、災害時は、日々やっていることしかできません（→P14）。道具を用意して終わりにせず、「カセットコンロで1食つくる」「メスティンと固形燃料で米を炊く」など、月に1回でいいので、**お楽しみのイベントとして、家族で実践してみましょう。**

また、いざ被災したとき、**非日常の中に日常を感じられると、心がホッとする**ものです。54ページから紹介するレシピは、高齢の方も食べやすく、そして普通の日も食べたくなるようなものを考えました。レシピはアレンジ可能なものばかり。ぜひ家族の〝お気に入り〟を見つけ、定番にしてください。

熱源は必須。調理道具は使い慣れたものを

熱源

メイン　カセットコンロ＋カセットボンベ

カセットコンロは火力があるので、調理の強い味方に。カセットボンベは災害時にはすぐに売り切れるので、多めにストックしておきましょう（→ P40）。

サブ　固形燃料＋折りたたみストーブ

どちらも100円ショップなどで調達できます。火をつけて放っておくだけなので、湯を沸かしたり、メスティンなどで米を炊いたりするのに便利（→ P53）。

カセットボンベは、意外と消費が早いです。普段の調理でときどきカセットコンロを使い、1本あたりどのくらいでなくなるのか、目安を知っておきましょう。

調理道具

メイン　フライパン

メイン　鍋

フライパンと鍋は普段使いのものでOKです。被災してもこれだけは取り出せるようにしておきましょう。

家にあるポリ袋も多めにストックしておくと◎。次のページで紹介するパッククッキングで活躍します。

サブ　メスティン

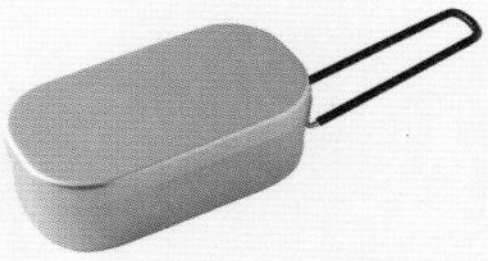

キャンプグッズとして使われることの多いアルミ飯ごうです。固形燃料を使って米を炊くほか、汁物の器としても使えます。

サブ　ホットサンドメーカー（直火式）

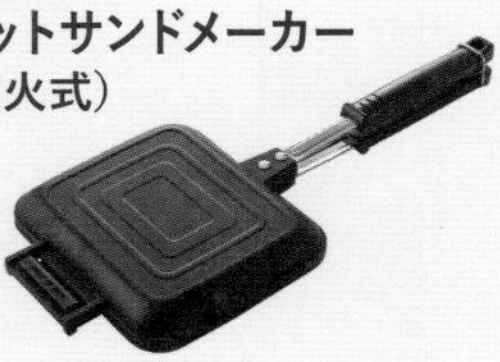

2つに分離するタイプなら、ミニフライパンに。本書では、インスタントラーメンのアレンジに使います（→ P56）。

＼ つくってみよう 1 ／

パッククッキングで即席ごはん

いわゆる“湯せん”です。食材をポリ袋に小分けして鍋に敷き詰めれば、少ない水で調理できます。お湯は捨てずに、洗い物に使いましょう。

使うもの
- カセットコンロ＋ボンベ
- 鍋　・ポリ袋
- アルミホイル
- 食材（無洗米、野菜、卵、缶詰など）

米の準備

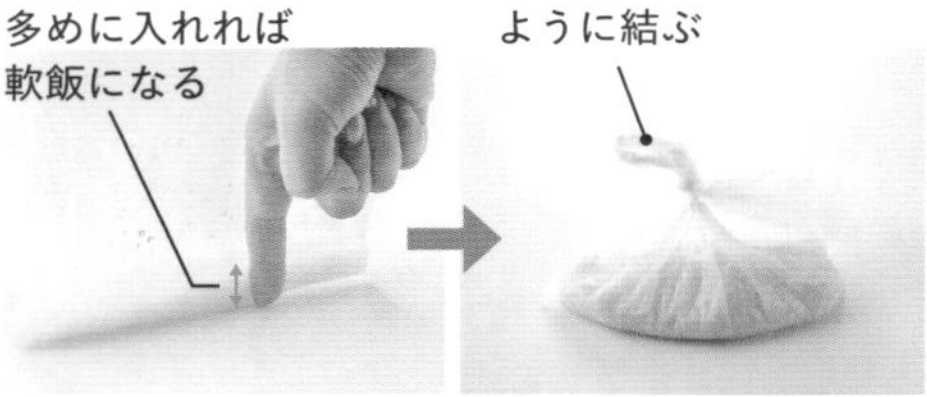

水は人差し指の
第一関節まで。
多めに入れれば
軟飯になる
ねじったあと、
ほどきやすい
ように結ぶ

❶ ポリ袋に米を1人分（0.5合）入れて水を注ぎ、空気を抜きながら口を結びます。人数分用意し、30分〜1時間ほど浸水させます。

おかずの準備

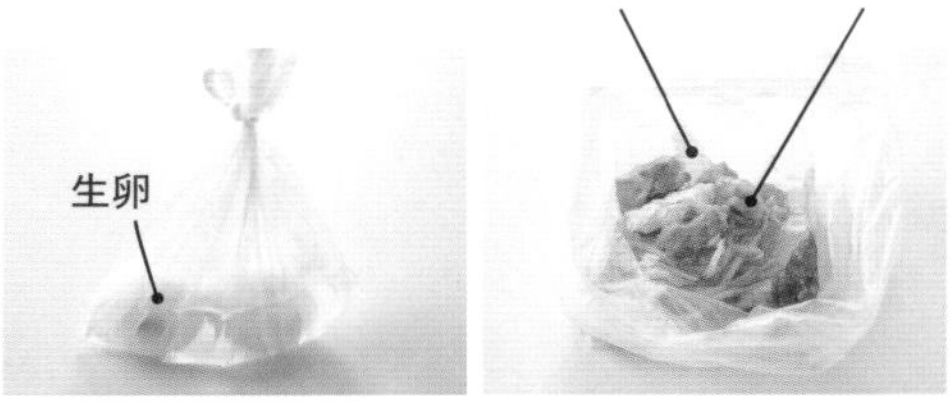

生卵
カットした野菜
（ひとつかみ）
缶詰の
やきとり

❷ 卵は浸かる程度の水と、野菜は肉や魚の缶詰と一緒にポリ袋に入れ、❶と同じように口を結びます。

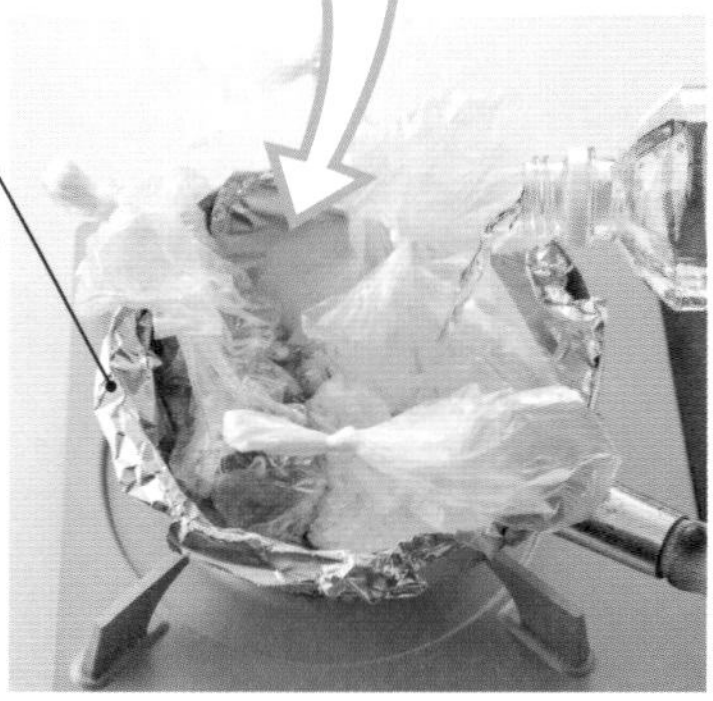

ポリ袋が溶けないよう、
アルミホイルか、鍋底
に耐熱皿を敷く。

❸ 鍋の内側にアルミホイルを敷き、❶と❷を入れ、かぶるくらいの水を注ぎ中火にかけます。

米が炊けるまで20分ほど放置

火を止めて蓋をし、15分ほど蒸らす

完成！

普通炊き
軟飯

❹ ポリ袋ごと食器に移して、出来上がりです。

ごはんのかたさは好みに合わせましょう。高齢の方は、やわらかいほうが食べやすいかもしれません。

つくってみよう2

メスティンでほったらかし炊飯

固形燃料に火をつけたら、あとは放っておくだけという手軽さが魅力。ごはんの炊ける香りが食欲をそそり、被災中の癒しになります。

使うもの
- メスティン（1合炊き）
- 固形燃料
- 折りたたみストーブ
- ライター
- 無洗米

❶

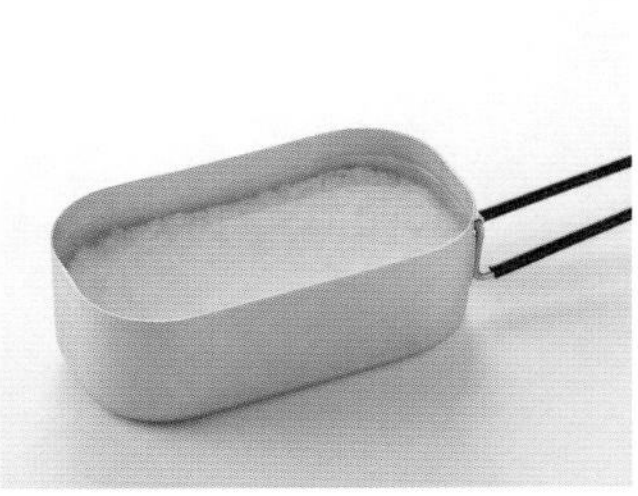

メスティンに米1合と、水200mLを入れます。

❷

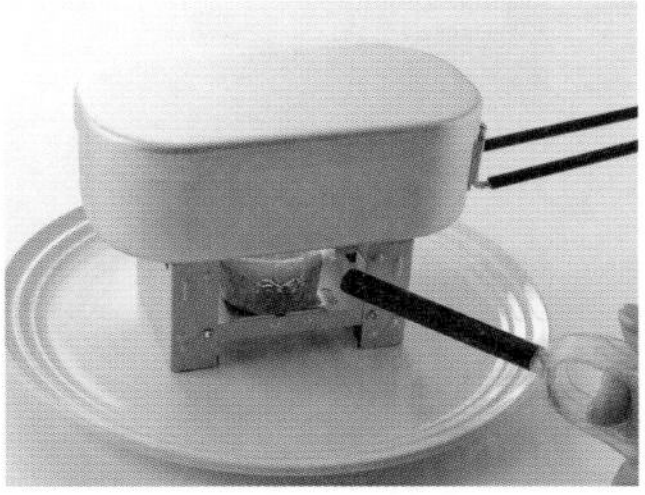

折りたたみストーブに固形燃料をセットし、❶をのせ、固形燃料に火をつけます。

❸

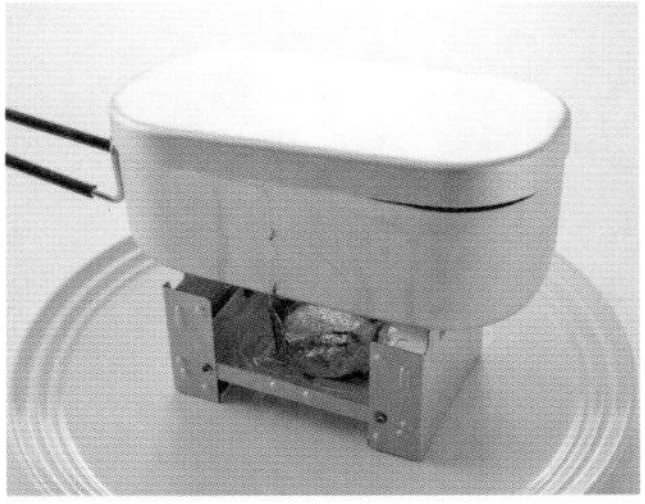

火が消えるまで、15～20分ほど放置します。吹きこぼれてもそのままで大丈夫です。

❹

完成！

火が消えたら、そのまま15分ほど蒸らして出来上がりです。

ぶっつけ本番で未使用のメスティンをそのまま使うと、焦げ付きます。使用前に、本体と蓋を米のとぎ汁で15分ほど煮て、冷めたら洗い流す「シーズニング」が必要。買ったらすぐにやっておきましょう。

防災豆知識

乾麺は、時間をかければ水で戻せる

乾麺はゆでると時間がかかるうえ、貴重な水も多く消費します。そこで、水で戻す方法を知っておきましょう。ジッパー付きの袋などに麺（できれば早ゆでタイプ）と水を入れ、放置するだけ。早ゆでパスタなら約1時間でやわらかくなります。お湯があれば5分でOKです。

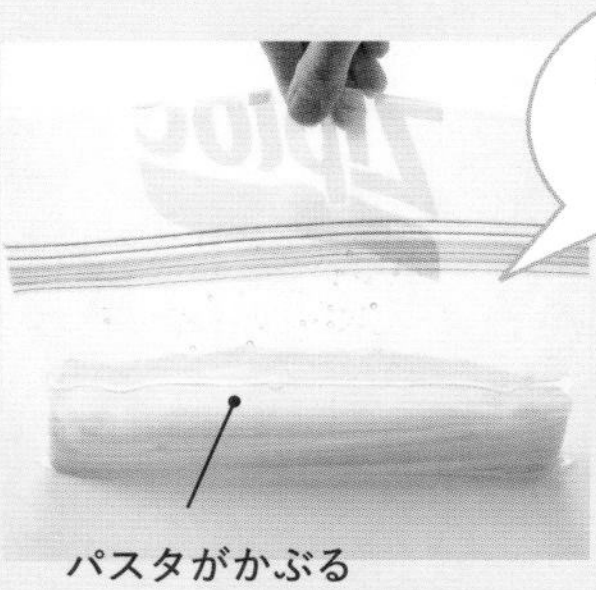

早ゆでパスタなら水で1時間（お湯で5分）

パスタがかぶる程度の水でひたす

＋ パスタソース で

冷製パスタの出来上がり！

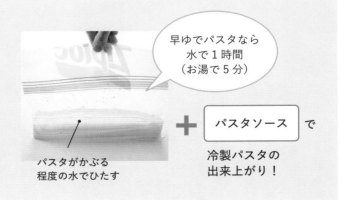

＼ つくってみよう 3 ／

冷蔵庫の中身で防災クッキング

家庭で常備していることの多い野菜や根菜、冷蔵庫の中にあるものでつくれる簡単時短レシピです。材料は食べたいものを食べたいだけ、調味料は目分量で OK。自分たちの好みにカスタマイズしてみてください。

ベースの味付けは塩・こしょうだけで OK

【 塩ポトフ 】

材料（分量の記載がないものは食べる分だけ）

- 野菜（たまねぎ、ピーマンなど）
- 根菜（じゃがいも、にんじんなど）
- ソーセージ（ベーコンでも OK）
- 水
- 塩・こしょう

❶ 火の通りをよくするため、食材はすべて薄切りにする。
❷ フライパンに❶を入れて中火で炒める。しんなりしたら、フライパンの八分目まで水を入れ、10 分煮る。
❸ 具材に火が通ったら、塩・こしょうを振る。

POINT
取り分けた後、黒こしょう、ポン酢、みそなどで味変して楽しめます。

POINT
たんぱく源となる肉や魚は缶詰でも。やわらかく、食べやすくて◎

水の代わりにビールで！

【 いろいろ野菜カレー 】

材料（分量の記載がないものは食べる分だけ）

- 野菜（たまねぎなど）
- 根菜（じゃがいも、にんじんなど）
- ソーセージ（肉、魚、缶詰でも OK）
- バター（サラダ油でも OK）
- ビール　350mL 缶 1 本（水の代わり）
- カレールウ
- 豆腐（ごはん、うどんでも OK）

❶ 火の通りをよくするため、食材はすべて薄切りにする。
❷ フライパンにバターを入れて中火で熱し、ソーセージ以外の❶を炒める。しんなりしたら、ソーセージを入れる。
❸ 具材に火が通ったら、ビールを入れ、蓋をして 10 分煮る。
❹ 火を止め、カレールウを入れて溶かす。
❺ 器にさいの目に切った豆腐を盛り、カレーをかける。

ポリ袋でつくってそのまま食べる

【小田原蒸し】

材料（分量の記載がないものは食べる分だけ）
・うどん　1玉
・豆腐
・かまぼこ（ちくわでも OK）
・葉物野菜（ほうれん草など）
・卵　5個
・白だし　大さじ 3（めんつゆでも OK）
・水　300mL

❶ うどんは袋の上から人数分に切る。豆腐はさいの目に切り、かまぼこはスライスする。葉物野菜は食べやすい長さに切る。
❷ 卵を溶き、白だし、水を加えてかき混ぜる。人数分のポリ袋を用意し、均等に注ぐ。
❸ ❷に❶の具をそれぞれ入れ、ポリ袋の口を結ぶ。
❹ フライパンにアルミホイルを敷き、水を張って中火にかける。沸騰したら❸を入れ、弱火にして 10 分ほど加熱する。火を止め、余熱で固める。

POINT
❷のときは、茶碗などにポリ袋をかぶせると注ぎやすくなります。

POINT
冷やごはんでOKです。チーズとスキムミルクで洋風に仕上げても。

パックのごはんもそのまま使える

【雑炊】

材料（分量の記載がないものは食べる分だけ）
・野菜（たまねぎ、キャベツ、ピーマンなど）
・根菜（にんじん、だいこんなど）
・肉類（ソーセージ、ベーコンでも OK）
・水　300mL
・ごはん（パックのものでも OK）

【A】
・粉末だし
・みりん
・しょうゆ
・塩

❶ 食材はすべてみじん切りにする。
❷ フライパンに水を入れ、中火にかける。沸騰したら❶と A を入れ、中火で 8 分煮る。
❸ ごはんを入れ、温まったら火を止める。

どのレシピも短時間でつくれるので、時間がないときなど、普段の料理にもおすすめです。野菜はまとめて薄切りやみじん切りにして冷凍しておけば、そのまま調理に使えて楽ですよ。

＼ つくってみよう 4 ／

インスタントラーメン活用術

インスタントラーメンは、ホットサンドメーカーと少量の水で蒸し麺にできます。粉末スープの素は、お湯に溶かしてスープに。

好みのインスタントラーメンを用意

❶

ホットサンドメーカーを中火で温め、インスタントラーメンをのせ、水を 50 ～ 100mL ほど入れます。

❷

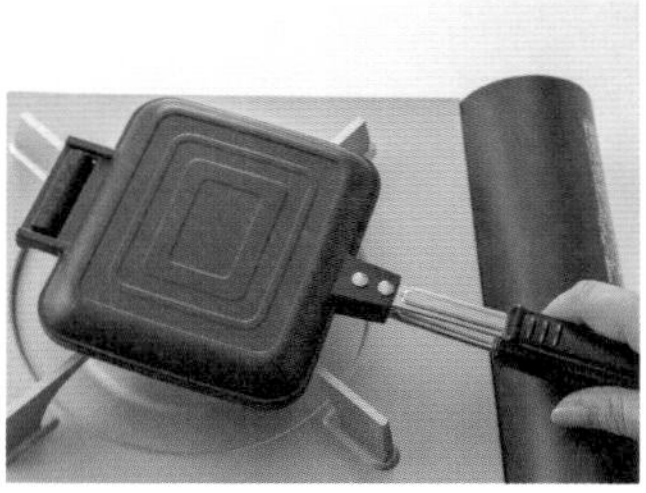

ホットサンドメーカーを閉じ、水分がなくなるまで 5 分ほど蒸します。途中で一度開けて裏表を返します。

❸

パチパチと音がしてきたら火を止め、中を確認します。麺がまだかたいときは、水を足して再び蒸します。

やきそばにする

❹

フライパンに細かく切った肉を入れて中火で炒め、薄切りにした野菜を加えます。しんなりしたら❸を入れ、野菜から出た水分を吸わせます。塩・こしょうを振り、炒め合わせます。

❺

完成！

好みでしょうゆ、ポン酢、ソース、残った粉末スープの素などで味付けをしても OK。付属の薬味があればそれも使いましょう。

カルボナーラにする

＋うまい棒
＋スキムミルク

❹

❺

❻

フライパンに細切りにしたベーコン、薄切りにしたたまねぎ、にんじん、ピーマンなどの野菜を入れて中火で炒め、砕いたうまい棒チーズ味（またはコンポタ味）3 本、水を適量入れ、混ぜながら溶かします。スキムミルク（コーヒークリームでも可）を大さじ 1 強入れてさらに混ぜ、❸を入れてからめます。

❼

完成！

器に盛りつけて出来上がり。フライドオニオンや粉チーズを振ってもおいしく仕上がります。

つくってみよう5

幕の内弁当でアレンジメシ

被災中は救援物資で幕の内弁当が配給されることがありますが、毎日同じ弁当が続くと飽きるもの。弁当のアレンジ方法を知っておきましょう。

好みの幕の内弁当を用意

❶

おかずをすべて、キッチンばさみや包丁などで細かく刻みます。

❷

ごはんはポリ袋などに移し、だし酢をひと回し加えます。

酢を混ぜることで保存性が高まります。おすすめは「だし酢」。通常の酢より酸味を抑えていて、すし酢よりも甘さが控えめ。1本常備しておくと、ほかの料理の味付けにも使えて便利ですよ。

❸

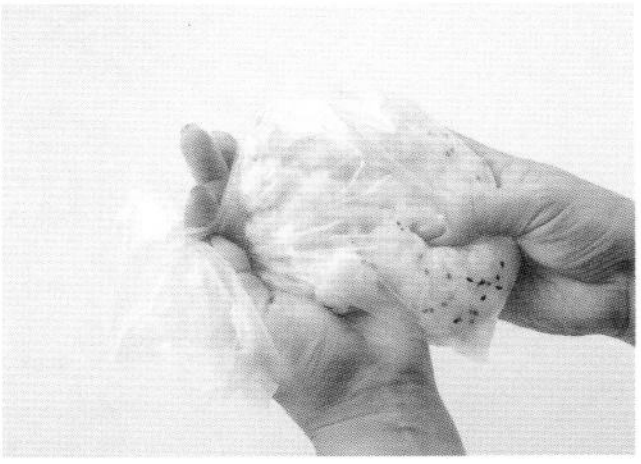

❷のポリ袋の上からごはんを軽くもみほぐし、だし酢をごはん全体にいきわたらせます。

❹

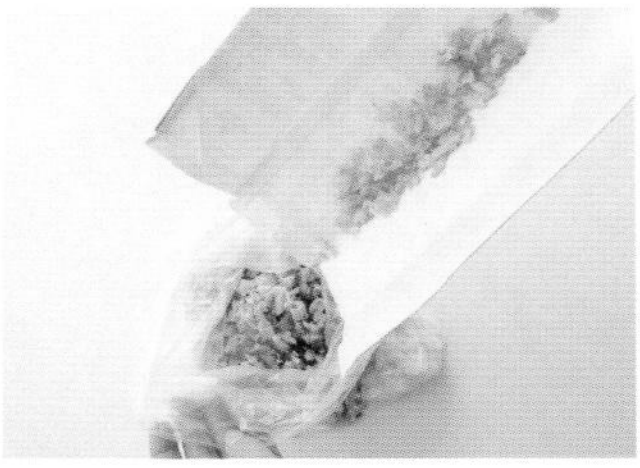

❶の具をすべて❸に入れます。

❺

ポリ袋を軽く振りながら、全体をよく混ぜます。

❻

皿の上でポリ袋を開いて、出来上がりです。

のりがあれば、手巻き寿司パーティーに。子供から高齢者まで楽しめます。

自宅避難❸

衛生管理は感染症対策の要。清潔に保つ工夫を

〖清潔ケアも、大切なのは事前準備〗

被災前の準備

今日はこの清拭料を
お湯に溶かして、
手だけ洗ってみない？

この体拭きシート、
スースーして気持ちが
いいんだけど、使ってみる？

**いろいろな道具を試して
お気に入りを見つけておく**

清潔ケアに使える道具はさまざまありますが、香りや使用感は好みが分かれるところ。普段の介護でいくつか試して、本人が気に入り、使うのが楽しみになるようなものを見つけておきましょう。

被災後

**やり方や頻度は
本人と相談して決める**

清潔ケアは、介護のなかでも本人の尊厳に深く関わる部分です。どういうやり方で、どのくらいの頻度であれば満足してもらえるのか、本人にヒアリングし、よく話し合いましょう。

1日目
お湯を使って
体を拭く・洗う

2日目
ドライ
シャンプーと
体拭きシートを
使う

3日目
ドライ
シャンプーと
体拭きシートを
使う

理解を得たうえで
ローテーションする

少ない水でも工夫次第で衛生管理は可能

在宅介護をしているご家庭は、水の使用量が多い傾向があります。介護する相手の清潔ケアに使うためです。

災害時も感染症対策として清潔ケアが重要になるので、その分を考えて水を備蓄する必要がありますが（→P38）、全部のケアを水に頼ろうとすると、ストックの量が多くなり大変です。**ドライシャンプーや体拭きシートなどの道具を取り入れながら、水の使用量を抑える工夫**が大切です。

ただし、はじめてのことは誰でも抵抗感があるものです。普段の介護でいろいろ試して、ケアを受ける本人が気に入るものを見つけておきましょう。

そのうえで、1日あたり水が何Lあれば足りそうか、改めて考えてみてください。**休日に、3Lの水でどこまで生活できるか挑戦するの**も◎（→P90）。目安をつかみやすくなりますよ。

〚パーツごとに適した方法でケアしよう〛

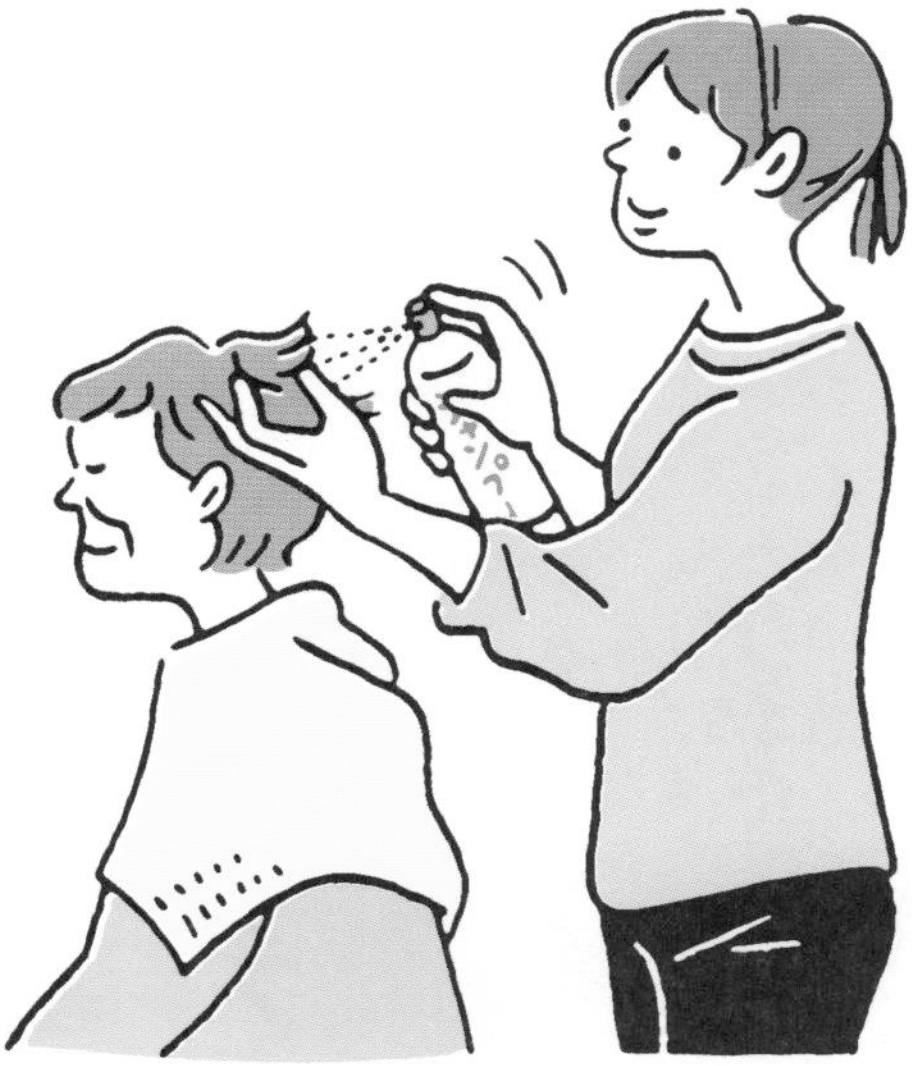

頭

ドライシャンプーで頭皮をスッキリさせる

頭皮の清潔ケアには、洗い流す必要のないドライシャンプーが便利です。皮脂の分泌が多い人は、ヘアトニックなどの頭皮用化粧水を使っても◎。洗い流せない分、香りや使用感が気にならないか、ケアを受ける本人への確認が重要です。

手順（スプレータイプの場合）

❶ 髪の毛をかき分け、頭皮に数か所スプレーする
❷ マッサージの要領で頭皮にもみ込む
❸ 濡らしたタオルなどで、髪の毛のベタつきを拭き取る

体

清拭は上から下へ、順序を決めて拭いていく

きれいなお湯を残しながら洗うには、どういう順番で拭くとよいかを考えます。「上から下へ」の順序を意識すれば、洗面器1杯の少ないお湯でも、全身の清拭が可能です。

手順

❶ 手浴をする
❷ 顔→腕→胸→おなかの順に上半身を拭く
❸ 背中→足→おしり→デリケートゾーンの順に下半身を拭く[*1]

ハッカ油を2滴、あるいはミョウバンを少量溶かすと、清涼感がアップします[*2]。いずれも薬局などで手に入ります。

口・歯

口と喉を潤すには少量の水でOK。マウスウォッシュにも慣れておく

ペットボトルのキャップ1杯の水を口に含み、そのまま10秒間待ちましょう。唾液がじわーっと出てきて、少量の水でも口と喉が潤い、感染症対策に効果的です。また、十分な口腔ケアができない場合を想定し、日頃からマウスウォッシュなどを使ってみましょう。

デリケートゾーン

ペットボトルシャワーとおしり拭きで洗浄する

頭や体をお湯で洗うのは数日おきにしても、デリケートゾーンは炎症や感染症を防ぐために毎日の洗浄が望ましいです。ウォシュレットの代わりに500mLのペットボトルシャワー（→P30）をつくり、おしり拭きとあわせて使いましょう。

＊1、＊2 ハッカ油は、デリケートゾーンに使うと激しくしみます。デリケートゾーンを拭くときは通常のお湯を使いましょう。

外へ避難❶

避難所は、事前に3か所以上チェックする

行っても入れるとは限らない

避難所 A

満員です。
これ以上受け入れ
られません

人数制限により入れない可能性がある

感染症対策で密になるのを避けるため、近年、避難所の収容人数は大幅に減っています。あっという間に埋まり、たどり着いても入れないことがあります。

ほかの避難所をアテンドしてもらえない

その避難所に入れないからと、あいているほかの避難所に誘導してもらえるとは限りません。次にどこへ行くかも、自分たちで決めて動く必要があります。

あらかじめ3か所以上は目星をつけて、優先順位を決めておこう

行った先で入れないことを想定して、避難所の候補は少なくとも3か所見つけておきましょう。どういう順番で行くかも、あらかじめ決めておくと慌てずに済みます。

どこに避難するのかを前もって決めておく

災害時、自宅に留まると危険な場合は、外へ避難します。迷わず行動に移せるよう、避難先をあらかじめ決めておくことが大切です。

ただし、避難所に向かう場合、**必ず受け入れてもらえるとは限りません。**すでに満員だったり、大規模災害のときは避難所も被災したりしている可能性があります。**避難先の候補は、最低でも3つは持っておいてください。**また、自治体指定の避難所は、水害と地震とで異なる場合があります。確認しておきましょう。

そして避難先へは、**被介護者も一緒に、平時に足を運んでおく**ことをおすすめします。目的地へ向かう道すがら、「あそこに桜の木があるよ。春は見応えがありそうだね」など、ポジティブな言葉がけを忘れずに。避難に対する恐怖心をやわらげられるはずです。

平時に実際のルートを歩いてみよう

ここは階段に
なっていたのか！
あっちから
行ってみようか

なるべく被介護者と一緒に避難所まで行ってみる

地図を見ただけでは、そこに階段や坂道があるかはわかりません。スムーズに避難するには、安全なルートを見つけておくことが大切です。被介護者も含め、家族全員で家から避難所まで歩き、避難所の下見と経路の確認、到着までにかかる時間を把握しましょう。

- 急な坂道や階段
- 倒壊しそうな信号や街灯
- 落ちてきそうな看板

など

障害となるものがないかチェック

↓

通れそうなルートを複数見つけておく

防災リュックも背負って歩いてみよう

準備した防災リュック（→ P64）も、実際に背負って歩いてみましょう。荷物を背負い、介護が必要な人を連れての避難は、想像以上に時間も体力も消費します。必要に応じてリュックの中身を検討します。

重すぎる
▼
もう少し取捨選択する

まだ運べそう
▼
水など重要なものを増やす

「行ったことがある」は、あなたにとっても相手にとっても安心につながります。もし相手を練習で連れ出すのが難しいなら、避難所までの経路や避難所の様子を写真や動画に撮り、見せてあげるとよいでしょう。

防災豆知識

「避難場所」と「避難所」はどう違うの？

「避難場所」は、火災などから身を護るために一時的に逃げる先。「避難所」は、被災して自宅で過ごすことが難しい場合に、一定期間生活する場所を指します。自治体によっては「福祉避難所」といって、高齢者や障害者など、避難所生活において何らかの特別な配慮が必要な人を対象とした避難所が設けられる場合もあります。

避難場所

避難所

外へ避難❷

いつ、どこへ、どう逃げるか、前もって決めておく

行動パターンを決めておこう

避難情報
予測と避難行動
台風の接近情報を発表
週末に台風が直撃か……。避難所に行くことになるかも。防災リュックの中身を確認しておこう
台風直撃の3日前
直撃の時間帯などの情報を発表
○日の夜に直撃するなら、前日の朝には家を出ないと危ないな。お父さんに伝えておこう
台風上陸
警戒レベル2発令（→ P44）
お父さんに声をかけて、動きやすい服に着替えなきゃ。お隣さんにも念のため声をかけていこう
警戒レベル 3 発令（→ P44）
よし、出発！

「警戒レベル3で必ず逃げる」などの判断基準（→ P44）を持っていれば、予測できる災害のときには「いつまでにどう動けばいいか」が見えてくるはず。基本的な行動パターンを決めておきましょう。

警戒レベル3までに家を出られるよう行動する

外への避難は、具体的にどう逃げるのか、前もって一連の行動パターンを決めておくと、逃げ遅れを防げます。

地震による津波は一刻を争うので、有無を言わさず即避難。一方で、**台風などある程度予測の立つ災害では、メディアから流れる情報に注目**します。天気予報やニュースで「気象庁では、大雨（台風）に関する情報を出して警戒を呼びかけています」という言葉が流れたら、行動開始の合図です。

介護が必要な人を連れて逃げるには、警戒レベル3までに家を出ること。レベル3なら雨風はそこまで強烈ではなく、比較的安全に逃げられるはずです。

なお、避難先は安全な親戚や知人の家、宿泊施設などの選択肢もあります。親戚や知人を頼るなら、日頃からの相談が必須です。宿泊施設であれば、数日前までには予約を済ませましょう。

介護が必要な人と外へ避難するときの心得

心得 1

なるべく明るく、安全に歩けるうちに行動を開始する

暗くて足元が見えにくい中での移動は危険です。また、身体機能が低下している人と一緒に逃げる場合、雨風が強くなればなるほど移動が困難になります。なるべく明るい時間帯で、安全に歩けるうちに避難を開始しましょう。

車いすで移動
▼
道路が冠水する前に

本人が自力で歩く or **本人をおぶって歩く**
▼
足元がぬかるむ前に

NG 自動車での移動は避ける

心得 2

人手が足りないときは近所の人などに助けを求める

介護を必要とする人の状態や同居家族の人数によっては、避難したくても人手が足りない、という事態も起こりえます。頼りになるのはやはり近所の人。もしものときに協力をお願いできないか、事前に相談しておきましょう。

日頃からあいさつなどを通じて関係性を築いておく（→ P12）

心得 3

いざ避難するときは、ポジティブワードを意識する

高齢の方にとって、今いる場所を離れるというのはかなりのストレスです。いきなり「逃げよう！」と言っても、まず同意は得られないと考えましょう。なるべく本人の気が乗りやすいよう、ポジティブなワードで声かけを。

- あっちのほうが安全みたいだから行ってみよう ○
- (親戚の家に避難するなら) ○○さん元気かな？　会いに行こうか ○
- ここは危険だから逃げよう！ 急いで！ ×

水害からの避難については、国が「マイ・タイムライン」の作成を推奨しています。これは、台風などによる被害に備えて、一人ひとりがどんな避難行動をとるかを時系列でまとめておくというもの。自治体のホームページなどで作成シートをダウンロードできます。ぜひご家族で活用してみてください。

外へ避難❸

防災リュックは、中身を普段使いするのが◎

3日間は乗り切れるように準備。用意したら実際に使ってみて

外へ避難する場合は、最低でも3日間はそこで生活できるような備えを、リュックに詰めて持っていきましょう。特に避難所は、あくまで場所の提供のみ。**身ぐるみ一つで行っても渡してもらえるものはない**と心得てください。

そして、用意したら安心、ではありません。**本番はその防災リュックの中身で生活するのですから、使い慣れておくことが大切**です（↓P14）。

コツは、防災リュックも備蓄庫の一つとしてとらえること。ここから夕飯のおかずを選んで食べるなどし、消費したものはまた補充するというように、中身を普段使いしてください。

非常用の道具でも、一度は開封して触ってみましょう。休日などに防災リュックの中身だけで生活してみるのも面白いですよ。途中でリタイアしてもOK。やってみることが大切です。

自分たち用にカスタマイズしよう

非常用の持ち出し袋はリュック一択。玄関に収納を

咄嗟に動けるよう両手はあけておきたいので、リュックにしましょう。重いものを運ぶため、アウトドアに使うような丈夫なものがおすすめです。玄関に収納しておけば、逃げるときに持ち出しやすくなります。

中身を用意するときのポイント3

1 お気に入りのものを選ぶ

被災して避難するという"非日常"は、心に負担がかかります。避難先で使うもの、特に食べるものなどは、お気に入りを選んでメンタルダウンを防いで。

2 一度は必ず使ってみる

よくあるのが「防災グッズを買ったものの未使用」というケース。いざというときに使い方がわからなければ本末転倒です。一度は使っておきましょう。

3 衣類はすべてビニール袋へ

水害で避難する際、濡れた服のままでいると低体温症の危険が高まります。替えの服は濡れないように密封できるビニール袋に入れ、避難所に着いたらすぐに着替えて。

私はこのように厳選しています

ツジナオ流 防災リュックをチェック

避難所に行くことを想定した大人１人の３日分の内容です。優先するのは水。それ以外は、「避難生活で自分たちが大切にしたいのは何か」という視点でカスタマイズしてみてください。

➡ 水約 10L

2L ペットボトルを３本、500mL を６本程度は持っていきます。

➡ 食料３日分

普段食べているものばかり。アルファ化米は、水やお湯を入れるだけで食べられるお米です。

☑ レトルト食品
☑ フリーズドライのみそ汁
☑ 缶詰
☑ パスタソース
☑ カップスープの素
☑ アルファ化米
☑ 米３合
☑ 早ゆでタイプのパスタ
☑ おやつ
☑ 箸・スプーン・フォーク

➡ 衣類３日分

避難所では洗濯ができません。ショーツは使い捨てタイプや、女性の場合はおりものシートがあると安心です。

➡ 充電・照明

スマホ用のバッテリーは必須。ろうそくの代わりに、好みの香りのアロマキャンドルがあると、心がほっとやすらぎます（→ P67）。

☑ アロマキャンドル
☑ ライター（着火用）
☑ LED 懐中電灯
☑ 手回し充電式ラジオ
☑ USB ケーブル
☑ モバイルバッテリー（大容量）

➡ 万能アイテム

多用途に使えるものを厳選しています。

☑ ペットシーツ 20 枚
☑ 45L ゴミ袋 50 枚
☑ 新聞紙（朝刊）３部
（以上3点：災害用トイレに）
☑ 穴あきペットボトルキャップ
☑ レジ袋・ポリ袋・ジッパー付き袋
☑ ラップ・アルミホイル
☑ レジャーシート
☑ タオル
☑ 手ぬぐい・風呂敷
☑ エア枕・クッション

➡ そのほか

救助に使う □ロープ □布ガムテープ □油性マジックペン □軍手 **医療・衛生グッズ** □鎮痛剤□消毒液 □うがい薬 □マウスウォッシュ □ハッカ油（→ P59）□生理用品 □トイレットペーパー１ロール □たためるシリコンコップ □救急セット □圧縮タオル □ばんそうこう □ガーゼ・包帯・サージカルテープ □携帯用ゴミ袋 □ウェットティッシュ・おしり拭き・体拭きシート **暑さ・寒さ対策** □塩あめ（塩分タブレット）□使い捨てカイロ □レインジャケット・パンツ □アルミ製シート

＋ 介護に使う道具は、ほかで代用できないものを厳選して持っていく

基本❺

避難生活を乗り切るレジリエンスの高め方

〖被災すると大きなストレスがかかる〗

急な環境の変化が大きなストレスを生む

無事に避難できたとしても、普段と違う生活に人はストレスを感じるもの。介護する側もされる側も、メンタルダウンしないように対策が必要です。

ストレスをやわらげ、気持ちを落ち着かせる方法を見つけておく

＋

しっかり備えて、できるだけ普段に近い生活が送れるよう工夫する

非日常においても普段に近い生活が送れるよう、備えが大切なのはもちろんのこと、心にダメージを受けたときの切り替え方法を、自分も相手もあらかじめ見つけておくことが重要です。

気持ちを持ち上げる方法を今のうちに見つけておく

レジリエンスとは、**困難に直面している状況に対してうまく適応できる能力のこと**です。災害時は心にもダメージを負い、メンタルダウンすると生活に響きます。しかし、介護する側もされる側も普段からレジリエンスを高めておけば、災害時にもメンタルを保て、避難生活を乗り切る力になります。

ぜひ試してほしいのが、左ページで紹介している**〝3・3・3の法則〟**。そして、これを**日常的に活用し、生活になじませてほしいのです。**

たとえば「卵を1パック落として割った」「朝寝坊した」「子供がジュースをこぼした」など、日々の生活で生じるトラブルも〝小さな災害〟です。そういう事態に直面したとき、3・3・3の法則で気持ちを落ち着かせるという体験をしてください。普段できていれば、災害時にも必ず活きます。

3・3・3の法則で心を護る

3秒 好きな“香り”をかいでリラックスする

香りは脳にダイレクトに届くので、瞬時に気分転換ができておすすめです。好みのアロマオイルをティッシュなどに数滴たらしてかいだり、香水を手首などに吹きかけたりしてもよいでしょう。コーヒーが好きな人なら、アルミのドリップパックがあると◎。

※ラベンダーの香りには血圧を下げる作用があるため、使用する人によっては注意が必要。

・バニラ
・柑橘系
・ペパーミント　など

アロマキャンドルもおすすめ。停電時には、明かりとして使用できます。

3分 “触って”気持ちを落ち着かせる

触り心地が好きなものや、触っていて気持ちが落ち着くものを用意しましょう。やわらかいもの、かたいもの、シャリ感のあるものなど、いろいろ試してみて。耳たぶや二の腕、おなかなど、自分の体のパーツでもOKです。

耳たぶ

ぬいぐるみ

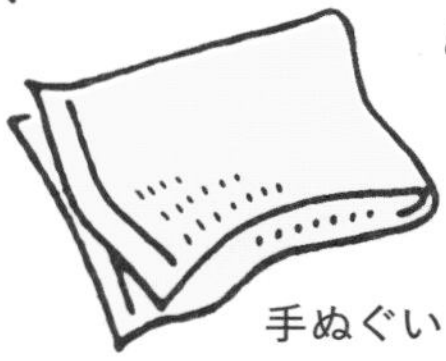

手ぬぐい・タオル

30分 “見て・読んで”気分を上げる

大切な人との写真や、好きな小説や漫画、絵、写真集など、それを見たり読んだりすると心のエネルギーが回復するものを探してみましょう。デジタルのものが使えるとは限らないので、アナログで。

デジタルではなくアナログのものを。充電を気にせず楽しめます。

写真

本

なかでも、香りの効果はてきめん！　被災地に赴くとき、私は「スイートオレンジオイル」「ペパーミントオイル」「バニラオイル」を持っていき、懐紙につけて被災地のみなさんに配るのですが、本当に喜んでもらえます。ぜひ好きな香りを見つけてください。

今時の防災情報はスマホで管理！ おすすめ防災アプリ3選

災害時は、フレッシュな情報をいかに早く仕入れることができるかも重要になってきます。状況は刻一刻と変化しますから、それを随時追って、どう動くかの判断をしなければなりません。

そのためには、テレビ、ラジオだけでなく、スマートフォンの防災アプリも活用しましょう。GPSと連動させておけば、プッシュ通知でそのエリアの最新の防災情報が入ってきます。特に台風など、予測できる災害のときは便利です。

実際に私が使用していておすすめなのは、次の3つです。どれか1つでもダウンロードしておくと、状況判断に役立ちますから、検討してみてください。

まず、「**Yahoo! 防災速報**」です。エリアを登録すると、“そのエリアで今発表されている災害情報”を通知してくれます。避難情報や地震情報、豪雨の予報などがひと目でわかります。エリアは現在地のほか、国内3地点まで登録できます。

次に、「**ウェザーニュース**」です。登録したエリアの天気予報や、最新の台風情報、雨雲などの接近情報のほか、ゲリラ雷雨や大雪、地震などの情報も知らせてくれます。天気は1時間ごとなど詳細な予報がわかるため、台風や大雨が発生している中でどう行動するか、見通しを立てるのに役立ちます。

さらに、「**特務機関 NERV《ネルフ》 防災**」というアプリもあわせて使っています。気象庁と連動しており、緊急地震速報はもちろん、津波や噴火の速報、気象警報や注意報など、さまざまな防災情報がスピーディーに送られてきます。

また、44ページで紹介した「キキクル」はウェブサイトですが、「Yahoo! 防災速報」や「特務機関 NERV 防災」と連動するようになりました。あわせて確認すると、状況把握がよりスムーズになります。

※ 2023年1月末の情報です。常に最新情報をチェックしましょう。

第2章

利用者を護る
施設の防災

介護施設で働く職員と、そこで過ごす利用者にとって、
施設の防災レベル向上は
“命”と“日常生活”の両方を護るために必要不可欠。
できるところから対策を行っていきましょう。

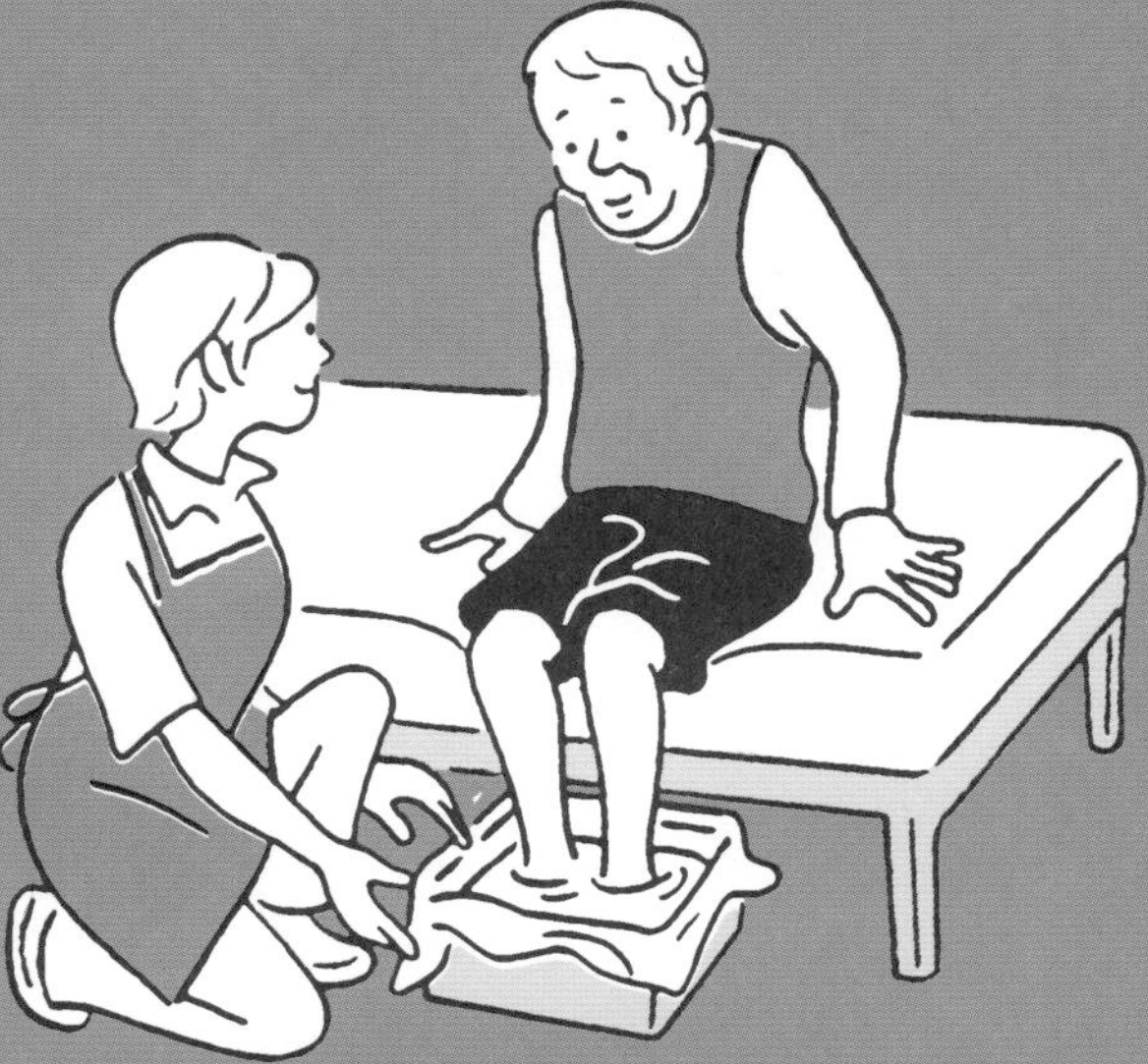

基本

施設と利用者、そして自分を護るために必要なこと

まずは自宅の防災レベルを引き上げよう

SOS
災害発生
介護施設
自宅の防災が万全だと……
安心して対応できる
呼ばれたらすぐに応援対応できる
自宅の防災が不十分だと……
家が気がかりで冷静になれない
呼ばれても応援に行けない

自分の足元をしっかり固めることが最優先

自分や家族の安全が確保できないと、被災した施設へは行けません。また、そのとき施設にいたとしても、心ここにあらずとなってしまいます。まずは自宅の防災レベルを上げることが先決です。

→自宅の防災については第1章をチェック

当事者になることを想定して防災に取り組もう

介護施設の利用者の多くは、日常生活や健康管理、場合によっては生命の維持を、施設の提供するサービスに頼っています。そのため災害時は、施設側には**利用者の安全を確保すること**、そして**いち早く復旧し、業務を途切れさせないこと**が求められます。

現場で指揮をとるのは施設長などのリーダーかもしれませんが、災害を乗り越えるには、**当事者となる職員一人ひとりがその場でどうするべきかを考え、指示を仰ぎ、行動に移す**ことが重要です。迷わず動けるよう、防災を通して意識づけをしていきましょう。

ただし、自宅が無事でなければ施設へは行けないように、誰かを助けるためには、自分自身のことも護る必要があります。第1章を参考に、まずは自宅の防災レベルを上げることから取り組んでみてください。

〚施設の防災レベルを上げる4つのポイント〛

1 利用者の避難方法の把握

被災時は、自力で逃げることが困難な、ADL＊の低い人から避難させるのが原則です。一人ひとりの具体的な避難方法を決めておくと、いざというときに迷わず行動できます。➡ P72

2 マンパワーの確保

利用者や自分たちの命を護るには、十分なマンパワーが必要です。被災したとき誰が施設に来られるのか、最低でも何人必要なのか、足りない場合はどうするのかなどを検討しましょう。➡ P74

3 連絡手段の確定

被災したとき、職員の間で何を使って連絡をとり合うのかを、あらかじめ決めておきましょう。特に、被災時は電話がつながりにくくなります。それを見据えた対策が必須です。➡ P76

4 必要品の備蓄と減災

被害を少しでも減らすための備えと、被災生活を乗り切るための備え、その両方が必要です。具体的にどんな災害に見舞われる可能性があるのかを含め、今一度確認しておきましょう。➡ P78

職員全員で共有する

重要なのは、誰が見てもわかるように可視化したり、話し合ったりするなどして、職員全員で共有することです。誰が当事者になっても大丈夫なよう、施設一丸となって対策に取り組みましょう。

防災に取り組むことで、あなた自身の介護力も上がります（→ P16）。ぜひ、できることからやってみてください。

防災豆知識

2024年から、すべての介護サービス事業者に対してBCPの策定が義務付けられる

BCPとは「Business Continuity Plan」の略称で、「業務継続計画」などと訳されます。介護施設や事業所においては、感染症や大地震などの災害が発生したときでも、必要な介護サービスの提供を続けながら、速やかに事業を復旧させることが求められます。そのための方策をあらかじめ検討し、計画書としてまとめておくことが、2024年からすべての事業者に対して義務化されます。

〈BCPの主な内容〉

- 基本方針などを定めた総論
- 平常時の対策（建物の安全対策、ライフラインが断たれた場合の対策など）
- 緊急時の対応（災害発生時の行動基準、安否確認のしかた、避難方法など）
- 他施設との連携
- 地域との連携

など

↓

被災しても業務を継続できるよう、計画書に取りまとめる

＊Activities of Daily Living の略称。食事、排泄、入浴、着替え、移動などの日常生活を送るために必要な動作。

❶避難方法の把握

ADLの低い人から順次避難できるよう備える

ADLと避難方法を明確にし、職員全員で共有する

施設の防災を考えるときにまず重要となるのが、利用者の避難方法です。どのタイミングで、どこへ、どのように避難させるのか、把握していますか？

避難場所については、施設で規定があるはずです。そのとき現場にいるのは自分かもしれないと思って、どんな災害のときにどこへ避難するのか、今一度確認しておきましょう。

実際の避難は原則として、自力で逃げるのが困難なADLの低い人から始めます。それには、**利用者一人ひとりのADLと避難方法を明確にしておく**ことが必要です。

ポイントは、それらを**職員全員で共有する**こと。リーダーを中心に、みんなが目を通す介護記録や介護日誌などに書き記すのがおすすめです。できれば、ケアカンファレンスなどの際に話し合って決められるとよいでしょう。

利用者のADLを“見える化”する

赤	黄	緑
人の助けがないと無理	調子のよいときは自力で動ける	自立している

介護記録や介護日誌に反映

デジタルならセルを色分け

アナログならシールで色分け

利用者のADLを色で分け、ひと目でわかるようにする

利用者のADLは、介護記録や介護日誌など、職員が日常的に見る書類にシールなどで色分けすると◎。色分けの基準は、3色くらいで考えるとわかりやすいでしょう。

＋

一人ひとりの避難方法を明記して共有する

「○○さんは担架で運ばないと」「○○さんは、使えるなら車いす、それが難しければおんぶ」など、ADLから考えられる避難方法を一緒に明記します。

なるべく職員間で話し合って決めるのが望ましいです。ADLが変化したときは、申し送りが必須。特に施設長など、リーダーには進んで報告しましょう。

〚 共有していた情報が、避難をスムーズにする 〛

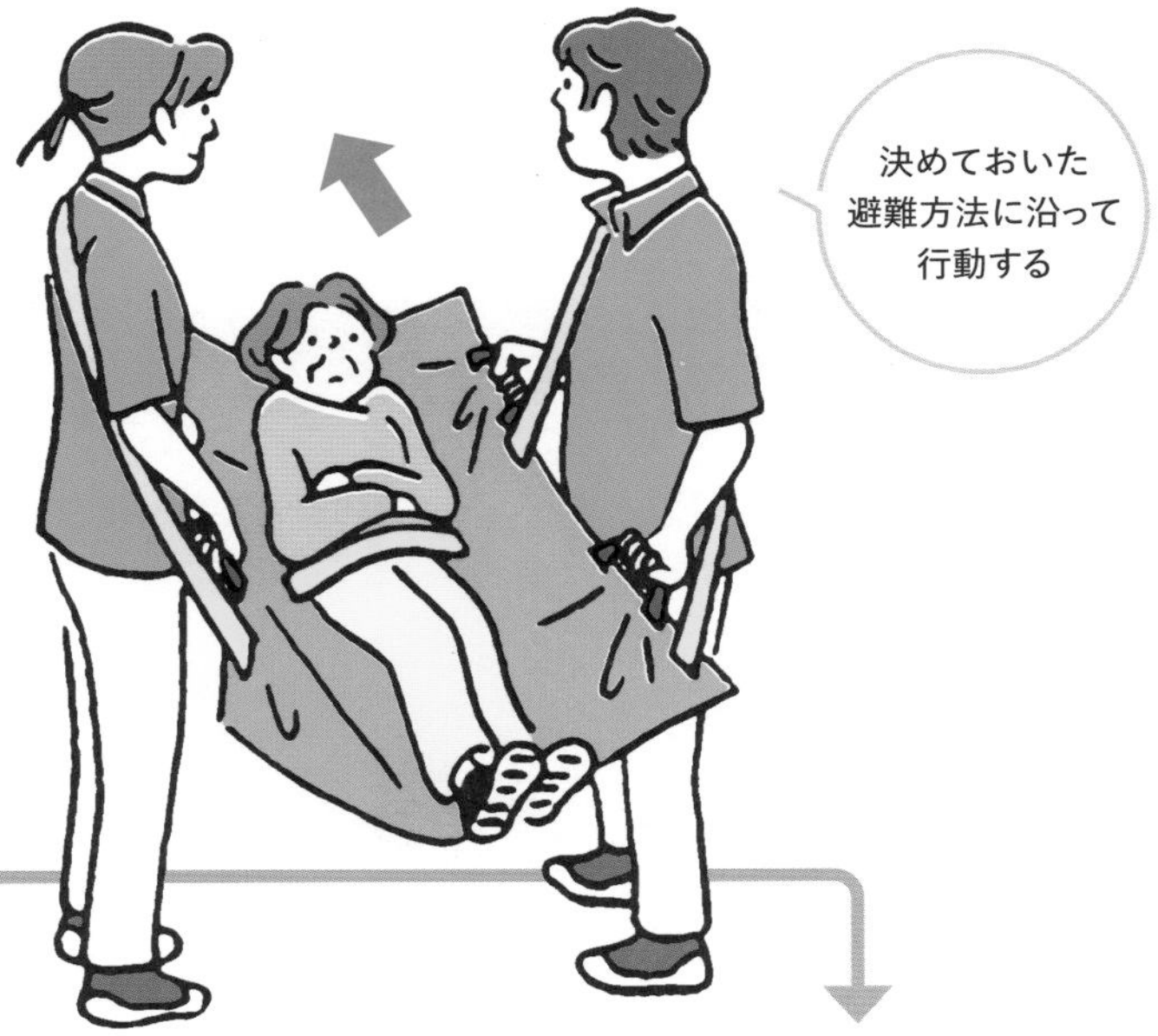

決めておいた
避難方法に沿って
行動する

原則としてADLの低い人から避難を始める

移動に時間がかかる、ADLの低い人から順に避難を開始します。利用者一人ひとりのADLと避難方法が明確になっていれば、スムーズに取りかかれます。

屋内で避難する場合

あらかじめ決めておいた避難場所に順次誘導

浸水リスクが低いなど、屋内に留まって問題がない施設の場合、「地震→1階の食堂へ」「暴風→1階ロビーへ」など、災害ごとの避難場所が決まっているはずです。それに従って行動します。

屋外へ避難する場合

空振り覚悟で早めに避難を開始する

津波や火災ならすぐに避難。一方、台風による浸水など、予測の立つ水害の場合は、警戒レベルに合わせて避難します。ただし、一般家庭の避難とは違い、施設は人が多いので、より早めの行動が必要。警戒レベル2で避難を開始できるようにしましょう。

避難のタイミングの目安

地震による津波・火災	大雨などによる浸水	
すぐに避難	警戒レベル1	避難の準備
	警戒レベル2	避難を開始

一般家庭では、介護が必要な人がいる場合は警戒レベル2で準備、3で避難を開始しますが（→ P44）、施設の場合は1段階早めの行動を。

どこに避難するかを含め、緊急時の対応の大枠は施設ごとに決まっていると思いますが、細かい現場対応については前もって話し合っておくことをおすすめします。パニックを回避できますよ。

⚠ 水害の場合は避難の原則も頭に入れておこう

津波 ➡ すぐに水平垂直避難

浸水 ➡ 早めに垂直避難

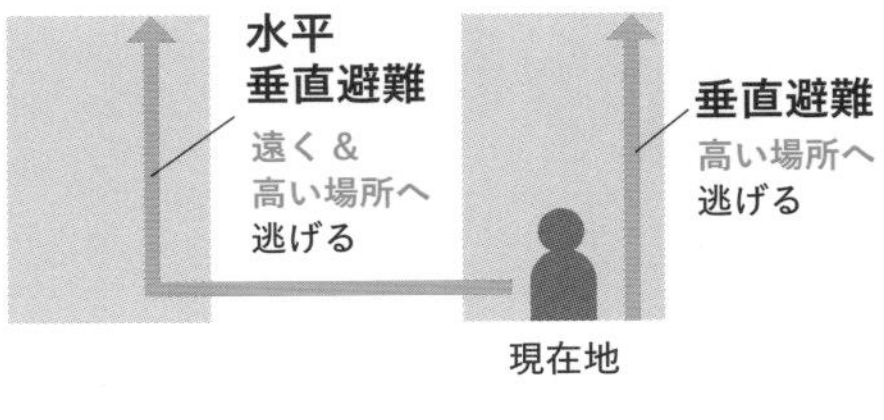

水平
垂直避難
遠く＆
高い場所へ
逃げる
垂直避難
高い場所へ
逃げる
現在地

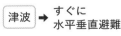

② マンパワー

誰が行くのかを明確に。近隣の人たちの協力も必要

被災直後は、安否の確認が最優先

自宅の状況や家族の安否、出勤の可否を確認

利用者と職員の安否、被害状況を確認

↓

災害時の緊急連絡先に報告

↓

施設長やエリアリーダーの指示に従って行動する

被災直後は、利用者および職員の安否確認を最優先に行います。各自の状況をリーダーに報告＆共有し、誰が施設で災害対応業務をするのか、速やかに判断します。

被災状況によっては、無理して駆けつけるとかえって危険なことも。どんな場合にどのような職員が出勤するのか、逆に、行くことを除外されるのはどんな場合か、確認しておきましょう。

災害対応業務に必要な人員と体制を把握しておく

災害時は、被害状況の確認や利用者の避難誘導、行政や利用者家族との連絡のとり合い、炊き出しや飲料水の配布など、特有の業務が発生して業務量が増えます。すると、**足りなくなるのが人手です。いざというときにどのくらいの人員が必要になりそうか、また誰が施設に行くのかを**、職員の間で共有しておくことが大切です。

特に検討したいのが、利用者の避難にどのくらいの人手が必要になるかです。逃げ遅れは利用者と自分たちの命に関わるため、最低でも何人必要になるのか、それをどう集めるのか、共通認識として持っておきましょう。

また、人員の配置が不適切だと、一部の職員に負担が偏ります。ローテーションも含めて、少しでも負担を軽減できるような体制を、施設全体で話し合っておくことをおすすめします。

人手がどのくらい必要か、平時に把握しておく

例：台風・豪雨のときは床上浸水に備え、建物の２階に避難する

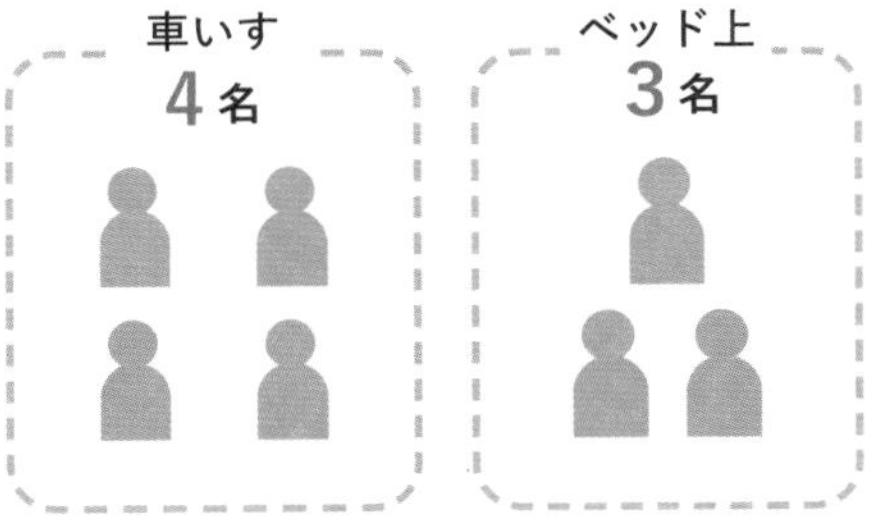

車いす
4名
ベッド上
3名

自力での移動が困難な利用者が７名

４名は車いすで生活をしている

→ 車いすごと持ち上げて順次移動する
→ 職員が最低でも２人は必要。往復を減らして早く避難するため**８人**はほしい

３名はベッド上で寝たきりの状態

→ 担架で運ぶ必要がある
→ 避難用の担架を使えば最低２人で運べるが、より早く安全に避難するため**９人**はほしい

搬送要員としての職員が17人必要

＋

自力歩行できてもゆっくりしか歩けない利用者のために、**歩行介助の人員**も必要

避難方法が明確になれば、必要なマンパワーが見えてくる

利用者一人ひとりの避難方法を明確にしておけば（→ P72）、それにどのくらいの人員が必要となるか、具体的な数字が見えてきます。そのとき施設にいる職員からも、「あと○人来てほしい」と的確に要請しやすくなります。

ただし

非番の職員が施設に来られない

職員だけでは間に合わない

ということも起こりうる

対策

近隣の自主防災組織と連携しておく

自主防災組織は、災害時に自治体と協力して活動を行う、地域住民による防災組織です。「救出・救護班」「避難誘導班」などいくつかの活動班によって編成され、地域防災の一助を担っています。いざというときに助けを求められるよう、連携をとっておくと安心です。

防災士の方々で構成されているところも
町内会単位で結成されていることが多い

もし、施設自体が地域の避難場所として設定されている場合は、そこへ来た人たちに利用者の移動や搬送を手伝ってもらうという方法もあります。とにかく、確保できる人員を想定しておくことが大切です。

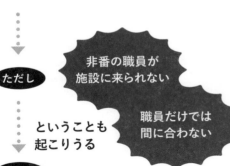

③ 連絡手段

被災時にどう連絡をとり合うかを決めておく

電話連絡は、タイミングを決めておく

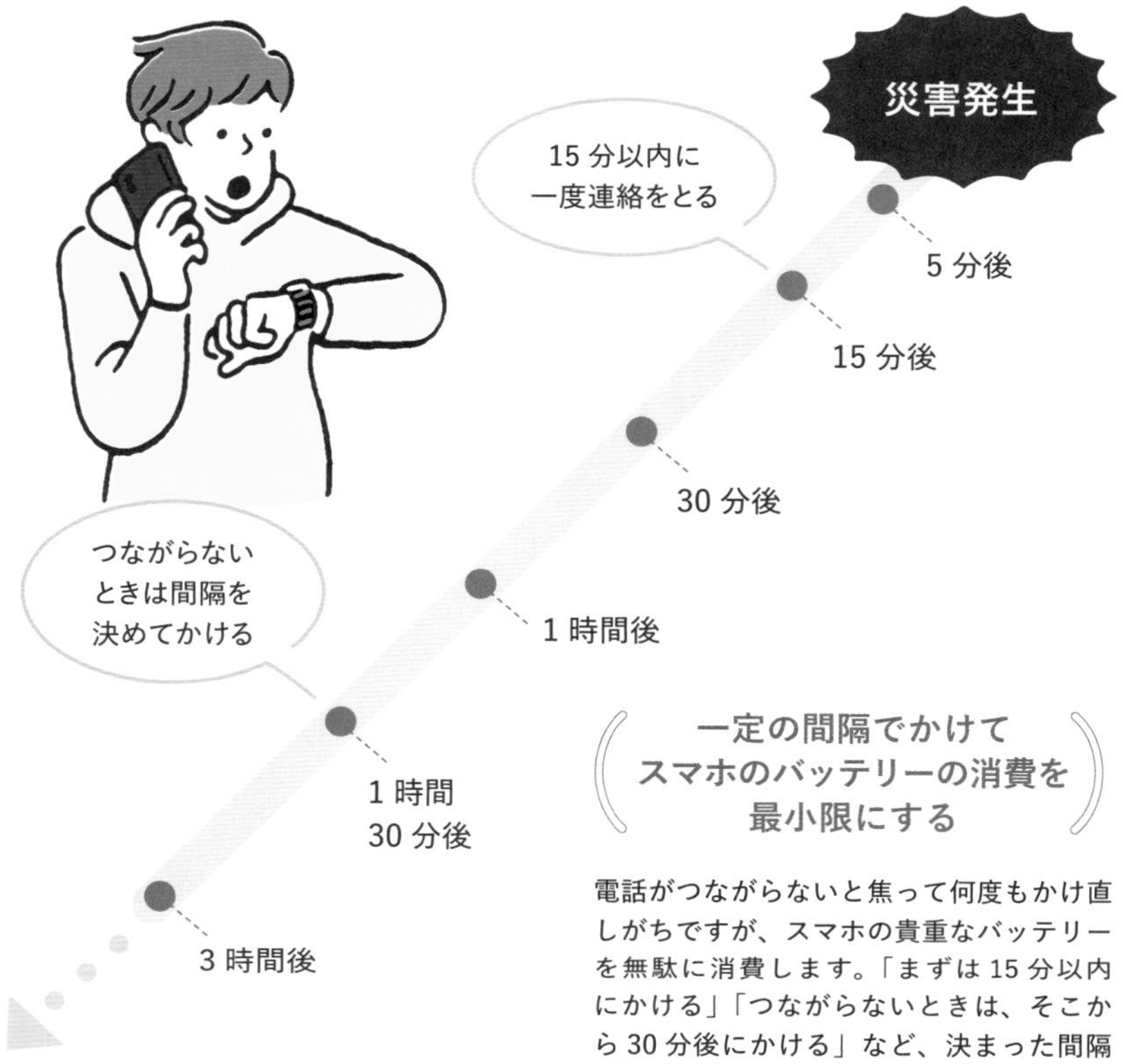
災害発生
15分以内に
一度連絡をとる
5分後
15分後
30分後
つながらない
ときは間隔を
決めてかける
1時間後
1時間
30分後
3時間後

**一定の間隔でかけて
スマホのバッテリーの消費を
最小限にする**

電話がつながらないと焦って何度もかけ直しがちですが、スマホの貴重なバッテリーを無駄に消費します。「まずは15分以内にかける」「つながらないときは、そこから30分後にかける」など、決まった間隔でかけ直すよう決めておきましょう。

被災時は、回線が混雑して電話がつながりにくくなりますから、通話以外の連絡手段も検討しておきましょう。手段によっては、電話よりもスムーズに連絡がつくものもあります。

一つに絞らず、複数の連絡手段を検討する

災害時は、まずは安否の確認のため、そして誰が出勤できるかを確認するために職員間で連絡をとり合います（↓P74図）。**行き違いを防ぎ、全体の被災状況をいち早く明確にするには、連絡手段を決めておくことが大切**です。

電話を使った連絡は、「災害発生から○分以内に一度連絡をとる」など、かけるタイミングを決めるのがおすすめです。電話をかける側やかける相手がスマートフォンだと、発信や受信にバッテリーを消費します。停電に備え、最小限の使用に抑えましょう。

そしてできれば、**連絡手段は一つに絞らず、複数持っておくと安心**です。通信障害でどれか一つが使えなくても、別の方法で対応できるためです。

電話以外の連絡手段としては、アプリやSNS、災害用伝言ダイヤルなどがあります。検討しておきましょう。

アプリやSNS、災害用伝言ダイヤルも活用する

○○防災
緊急連絡網（50）

連絡手段 1

LINE のグループトーク

メッセンジャーアプリの LINE は、災害時でも通じやすいという強みがあります。緊急時用のグループトークを１つ作成して職員全員を登録しておけば、いざというときのホットラインとして活用できます。

＃チーム●●
kinkyu

連絡手段 2

Twitter のハッシュタグ検索

前もってハッシュタグを決めておき、「○○は家族全員無事です。応援に行けます。連絡ください　＃●●●●」というように発信すると、状況確認に使えます。ワードは自分たちだけがわかる暗号のようなもので OK です。

連絡手段 3

災害用伝言ダイヤル 171

「171」に電話をかけることで、メッセージを残すことができるサービスです（→ P43）。家族、親族、友人などの個人利用を想定したサービスなので、どうやっても連絡がとれない場合の手段の一つとしておさえておきましょう。

インターネットの災害用伝言板（web171）を使うという手も

災害用伝言ダイヤルのインターネット版で、自分の名前と安否の状況、メッセージをウェブ上に残すことができます。キーとなる電話番号を１つ決めておけば、誰でもそのメッセージにアクセスできます。
→ https://www.web171.jp

災害用伝言ダイヤルのような安否確認システムは、さまざまなものが市販されています。検討してみてもよいでしょう。

防災豆知識

大災害時でも Wi-Fi は使える！

もともと契約している回線の Wi-Fi が使えなくなっても、災害時には「00000JAPAN（ファイブゼロジャパン）」という無料 Wi-Fi が開放されます。認証などの手続きなしで誰でも使えるので、覚えておきましょう。ただし、緊急時の利便性を優先するためセキュリティ面は手薄になっています。個人情報の入力はなるべく避けたほうが安心です。

00000JAPAN
（ファイブゼロジャパン）
を選択する

❹必要品の備蓄と減災

被害を具体的にイメージし、防災グッズや備蓄を用意する

"一気に全部"ではなく"使い回しやすいものを少しずつ"

災害時に困るのが、ライフラインの断絶《だんぜつ》です。復旧するまでは備えたもので乗り切ることになりますが、**1週間や10日、それ以上かかる可能性が大いにあります**。自分たちの施設がどんな被害に遭うのか、ハザードマップや上図のサイトを参考にイメージし、何をどのくらい備える必要があるのかをざっと割り出してみてください。

おそらく、現状の備えでは足りないと思います。「こんなに用意できない……」と思うかもしれませんが、一気にそろえようとしなくて大丈夫。また、身近にある汎用性の高いものを多めに用意して使い回すなど、**"あるもので代用する"という意識でそろえていく**と、心理的な負担も軽くなります。

そのほか、備えるうえでは左ページの視点も大切です。意識して、できるところから取り組んでいきましょう。

『"足りない"を自覚してからがスタート』

P23参照

地震10秒診断：電気・ガス・水道などがどのくらいの期間止まるかがわかる

＋

P23参照

東京備蓄ナビ：人数や性別、年代などをもとにした備蓄と、その目安量がわかる＊。

＊東京備蓄ナビで一度に調べられるのは9人分まで。利用者や職員の人数をもとに倍数を求めれば、全体量を割り出せます。

↓

思った以上に備蓄は足りない!

ライフラインが回復するまで、何がどのくらい必要になるか現状を知る

↓

特別なものは用意しなくてOK

- ✓ 汎用性の高いものを使い回す
- ✓ プチプラで用意しやすいものを使う
- ✓ お気に入りのものを選ぶ

できるところから少しずつ手厚くしていく

現状は備えが足りないとしても、一度にすべてそろえることはできません。「私たちの施設において、ないと特に困るものは何か」「ほかのもので代用は可能か」など考えをめぐらせながら、できることから少しずつ備えを厚くしていきましょう。

備えるときに意識したい3つの視点

利用者が大切にしているものは？

Aさん

食事が毎日の楽しみ。
好みに偏りがある。

↓

必要な備え

好みのレトルト食品を
多めにストック

Bさん

キレイ好き。
お風呂や清拭は毎日したい

↓

必要な備え

水がなくても清潔を保てる方法を探し、試させてもらう

↓

介護日誌などにまとめておく

＋

全体で意見交換をする

視点1　サービスを止めないために必要なのは何かを観察する

災害時は、普段どおりのサービスの提供が難しくなります。利用者から不満が生じやすいのはどこかをおさえておくと、そこを重点的に備えることでフォローできます。利用者一人ひとりの普段の様子を思い返してみましょう。

気づいたことは、みんなが目を通すものにまとめておくと、情報を共有しやすいです。

視点2　利用者だけでなく、職員の QOL も大事にする

忘れてはならないのが、職員自身の QOL です。災害時は極限の状況で業務を続けることになるため、職員の心身の負担ははかり知れません。メンタルダウンを防ぐには、自分たちのための備えも忘れないようにしましょう。

視点3　日常生活に早く戻るための工夫を施す

被災したときに大切なのは、なるべく早く日常を取り戻すことです。それには、「QOL を維持して普段の生活に近づける工夫」に加え、「被害を少しでも減らし（減災）、早く日常に戻すための工夫」が必要です。耐震強化はその一つ。できるところから取り組んでみましょう。

→ 耐震強化については 80～87ページへ

QOLを維持するために必要なものを考えよう

1. 大切にしていることを挙げてみる

食事	睡眠	清潔の度合い

2. そのなかでも特に優先したいものは？

食事	睡眠	**清潔の度合い**

ここを手厚くすることで
メンタルダウンを防ぎやすくなる

私の場合「お風呂に入っていないにおい」がどうしてもダメ。その対策として、体拭きシートやドライシャンプー、制汗剤などを手厚く備えています。少しでも普段の生活に近づける試みが大切です。

実践しよう❶

できるところから防災仕様に変えていく

〝危ない〟を意識する

地震が起こったとき、ものは

落ちる　移動する　倒れる　飛ぶ

4つの動きを意識して
360度グルッと見回してみよう

「頭の上」「目線の高さ」「足元」まで360度見回して、「危ない！」と思うものを見つけたら、それは必ず自分たちを傷つけると思ってください。腰より上の高さのものや、重心の高い家具は特に対策が必要です。

利用者の目線に立ってチェックしよう（→P25）

対策は

1	2	3
腰より下に置く（重心を低くする）	固定する	安全地帯や避難経路を確保する

この3つを中心に行う

身近な防災グッズを使って〝減災〟を！

災害による被害は、ゼロにはできなくても、建物内を防災仕様に整えることで最小限に抑えることは可能です。そしてこの**〝減災〟は、身近な防災グッズの組み合わせで対策できます。**被害が少ないほど早く通常業務に戻れ、心身へのダメージもより少なく済みます。利用者と自分たち職員、双方のために取り組んでいきましょう。

次のページから、主に地震を中心とした、施設でできる対策を紹介します。でも、「このとおりにやらなくちゃ」と思わなくて大丈夫。施設はそれぞれ規模が違えば、間取りや設備の有無、配置、動線など、環境が大きく異なります。**自分たちの施設でできそうなことを、一か所ずつ、滑り止めシート一枚から**でかまいません。「昨日よりは一歩進んだから、よし！」くらいの気持ちでやってみてください。

減災に取り組むときの2つのポイント

ポイント1 ― 同じ視点を職員みんなで共有する

目のつけどころチェック

☑ **部屋の出入口に倒れそうなものは？**

倒れて出入口をふさがれると逃げられません。特に開き戸の場合、ドアの向こう側で家具類が倒れると、閉じ込められる可能性があります。

☑ **玄関までの避難経路に障害物はないか？**

避難経路がふさがれるほか、つまずいて転倒やケガのリスクを高める危険があります。

☑ **収納棚の中身は、耐荷重に見合っているか？**

重すぎると、地震に乗じて棚がはずれて落下するかもしれません。

☑ **「軽いものは上、重いものは下」になっているか？**

重いものが上にある（重心が高い）と、転倒のリスクが高まります。

☑ **背の高い家具や家電は固定されているか？落下しそうなものはないか？**

テレビや冷蔵庫、本棚などは転倒の危険が高いといえます。天井付けの物干し竿なども注意が必要。

☑ **電子レンジなどの小型家電は固定されているか？**

使い勝手から腰より上に配置していることが多いですが、固定されていないと、地震のときには弧を描いて飛んできます。

☑ **収納の扉は大きな振動でも開かないか？**

特に観音開《かんのんびら》きの扉は、振動で開きやすく、中のものが勢いよく飛び出してきます。

☑ **出入口の解錠などの連携はとれているか？**

自動解錠の機能があっても、大きな災害時は正常に作動するとは限りません。

施設の中をグルッと見回すときに、これらの視点を職員で共有しておくと、“要対策ポイント”に気づきやすくなります。気づいたことは、リーダーを中心に取りまとめを。

ポイント2 ― プチプラグッズを最大限活用する

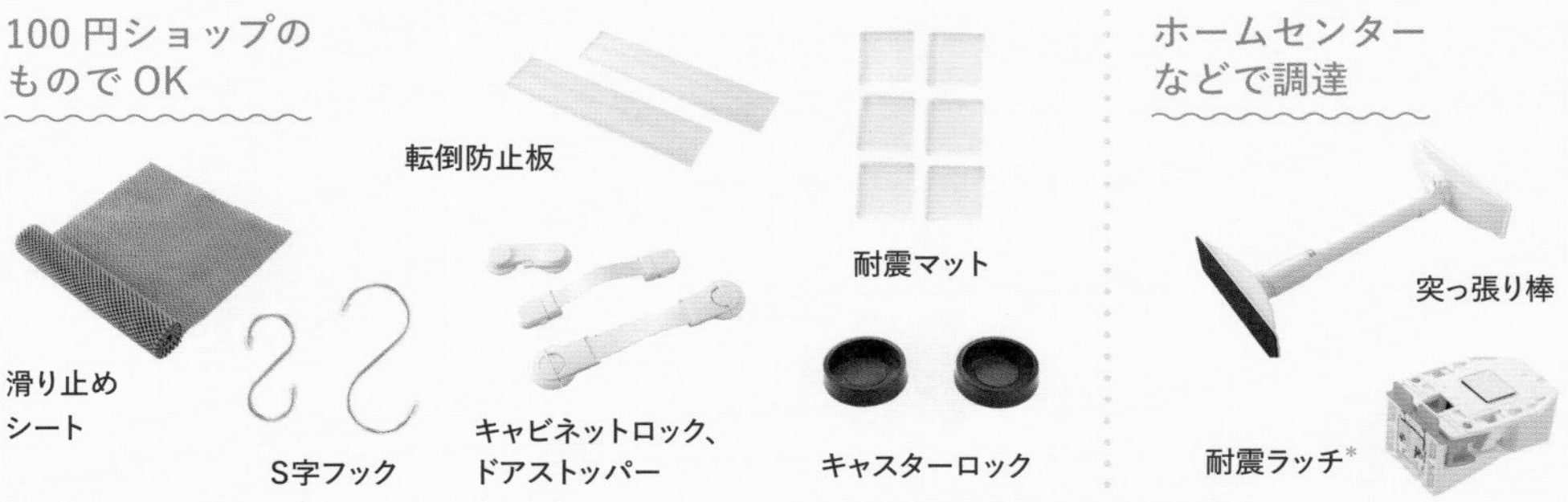
100円ショップのものでOK
転倒防止板
耐震マット
滑り止めシート
S字フック
キャビネットロック、ドアストッパー
キャスターロック
ホームセンターなどで調達
突っ張り棒
耐震ラッチ*

→詳しくは
32ページへ

特に滑り止めシートは、使い勝手がよくおすすめです。滑りそうなところにどんどん敷いたり、直接貼ったりしてみてください。

＊商品情報は32ページを参照

利用者の居室の防災

CHECK

出入口の真横にあるクローゼット。倒れたり、中身が飛び出したりしたら逃げられない

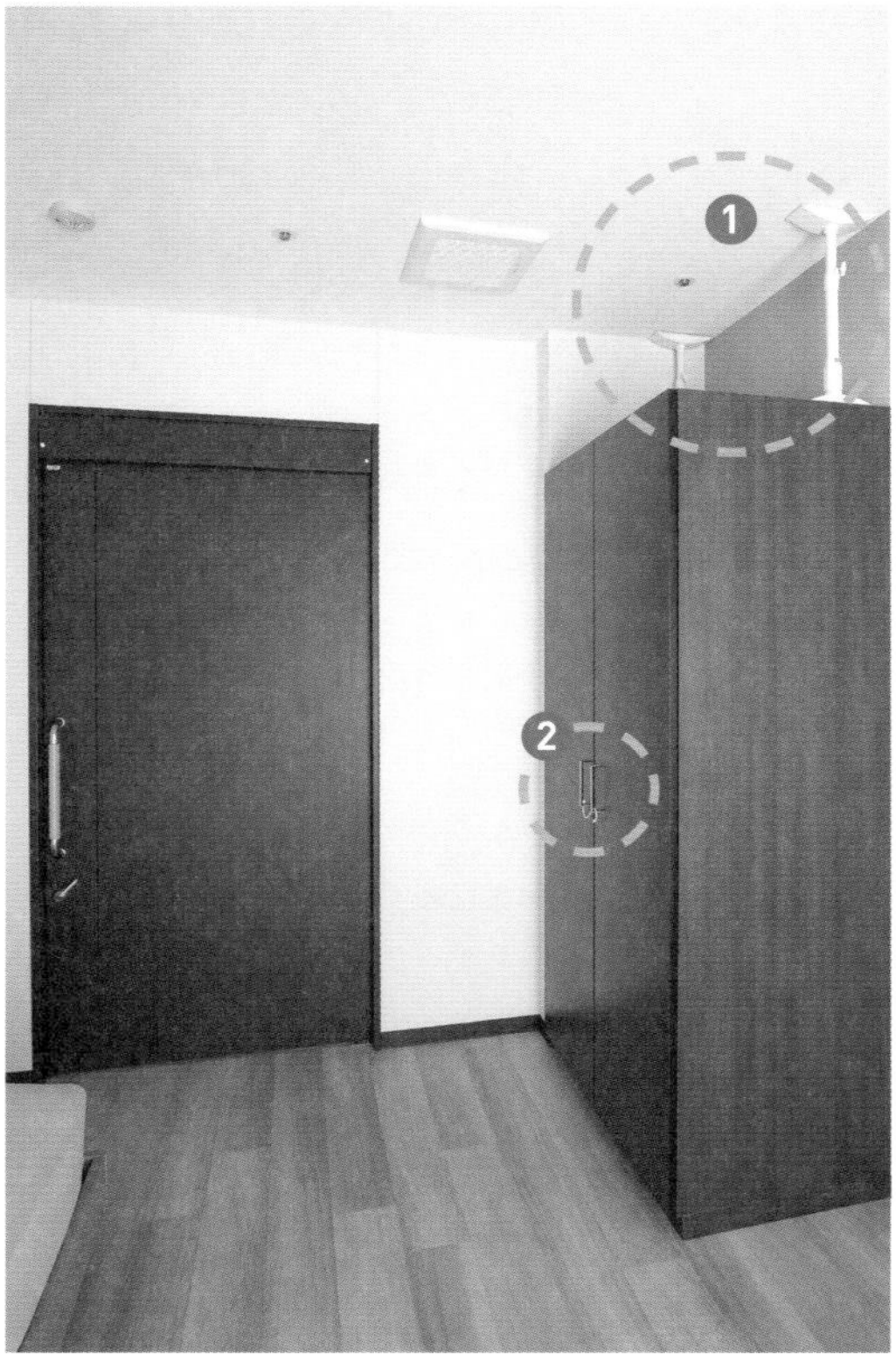

1

突っ張り棒や転倒防止板で固定する

天井と家具の隙間は、突っ張り棒などで補強を。家具の両端、かつ、壁に近い奥側につけます。ただし、単品では十分な効果が出ないので、設置できるなら転倒防止板との併用がおすすめです（使用例→ P34）。

2

S字フックや耐震ラッチで飛び出しを防ぐ

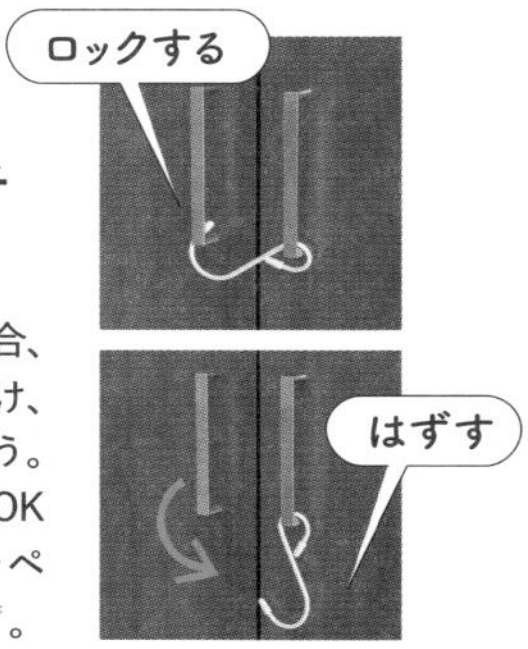

クローゼットが観音開きの場合、取っ手にS字フックなどをつけ、中身が飛び出すのを防ぎましょう。内側に耐震ラッチをつけてもOKです。S字フックは、反対側をペンチで固定すると落ちにくく◎*。

CHECK

ベッドの頭上にエアコンが。大きな地震のときは飛んでくるかも

ベッドの配置を変えるか、いざというときは掛け布団をかぶる

エアコン側に頭がこないよう、ベッドの配置を変えるのがベスト。それが難しければ、利用者に「大きな地震のときは掛け布団をかぶってくださいね」と意識づけを。頭の位置を変えて寝てもらうのもアリです。

壁に打ち付けて固定されているものでも、揺れの大きさや方向などによっては、はずれて飛んでくる可能性があります。「もしかしたら動くかも」と意識することが大切です。

＊認知症の症状があるなど、利用者の症状・状態によっては、S字フックが危険な場合もあります。はずれないようにペンチで固定するか、S字フックは使わず耐震ラッチのみにするなど、状況にあわせて検討しましょう。

【リビング・ダイニングの防災】

CHECK

人が集まるスペースは、大型家具の固定が甘いと逃げ遅れの要因に

1 テレビ台は滑り止めシートなどで固定する

写真のように面で支えるタイプなら滑り止めシートで、キャスター付きならキャスターロックで固定しましょう。台の上に重しになるようなものをのせるなどして、重心を下げてもOK。

2 家具と家具の間は人が通れるスペースを確保

テーブルの周辺は人が集まります。ソファとテーブルの間、テーブルと窓の間などは、利用者がスムーズに逃げられるよう、人が通れるスペースを確保することが大切です。

3 ソファは四隅に滑り止めシートをかませる

地震で動いたとき、避難経路をふさぐと危険です。滑り止めシートをかませておきましょう。全面に敷かなくても、適当な大きさに切って四隅に挟むだけで効果があります。

4 床置きのインテリアは倒れないよう工夫を

「インテリアも置けない」では、殺風景で寂しいものがあります。置いてもいいので、倒れないよう工夫を。植木鉢なら、下に滑り止めシートを敷けば十分です。

底に合わせてカットして見えにくくしても

写真のリビングの場合、ローテーブルが動いたところで、避難に支障はないでしょう。すべてを固定するのではなく、「動くと危ないもの」に絞って対策をすればOKです。

〚共有スペースの防災〛

浴室

CHECK

利用者の入浴介助中に被災すると、ケガをしたり、おぼれたりする危険がある

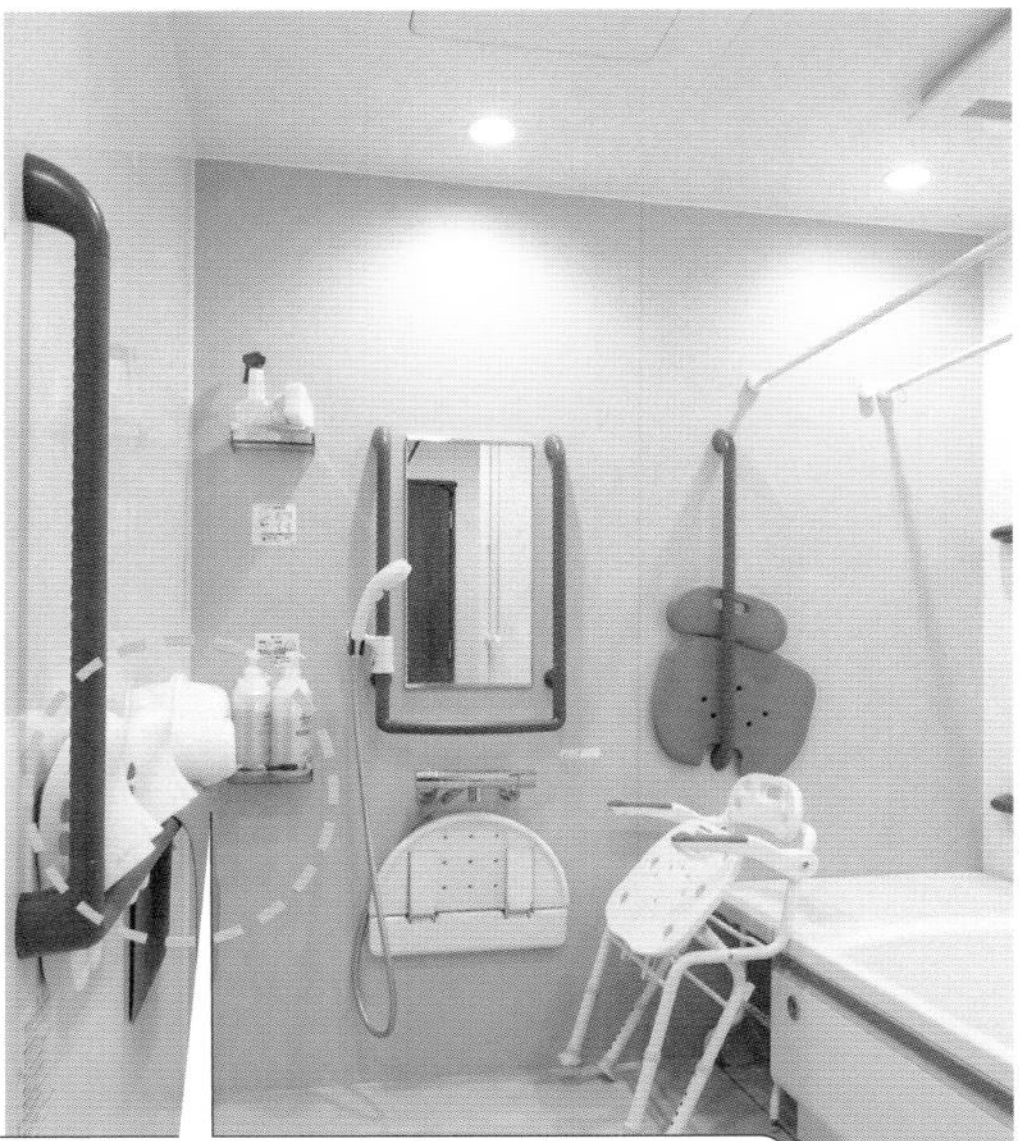

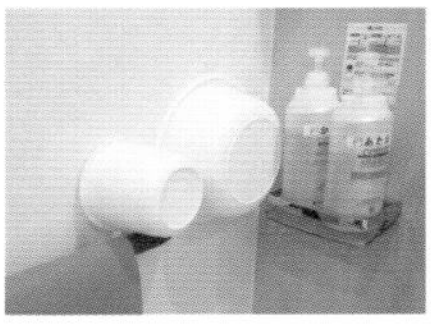

洗面器がヘルメットの代わりに

整理整頓を意識し、緊急時の動きをシミュレーションしておく

利用者の安全を第一に行動できるよう、入浴中に被災した場合の動きを確認しておくことが大切です。また、浴室は滑りやすく、逃げるとき、ものに足をとられると危険です。整理整頓を心がけて。

＼＼ 地震のときにとるべき行動 ／／

1 即座に利用者を浴槽から引き上げる
2 揺れが収まるまでしっかり抱える（洗面器があればかぶってもらう）
3 速やかにリビングなど広いところへ避難

トイレ

CHECK

ものは少ないが、吊り戸棚の収納物が落ちてくることも

吊り戸棚はキャビネットロックで飛び出しを防ぐ

棚の中

落ちてきてもダメージの少ない、軽いものを選んで収納し、扉にはキャビネットロックなどをつけましょう。さらにケースに収納すると取り出しやすく、使い勝手が向上します。

収納ケースの裏に滑り止めシートを貼っておくと、滑り落ちてくるのを防げますよ。

脱衣所

CHECK

ものが多いと、足をとられるなど
避難に支障をきたすことも

洗濯ばさみで挟む

❶
物干し竿は、動かないようストッパーをつける

天井から吊り下げ式の物干し竿は、吊り下げ部分を洗濯ばさみで両側から挟んで固定するなど、落ちないよう工夫を。床置きでキャスターのついた物干し竿の場合は、常にストッパーをかけておきましょう。

手前に滑り止めシートをかませる

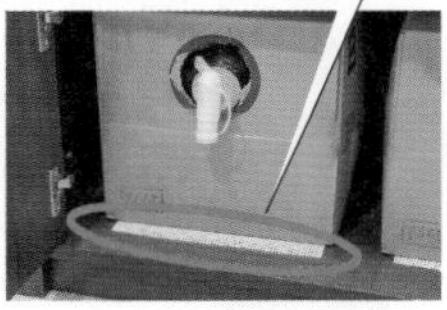

❷
棚はいちばん下に重いものを入れて重心を下げる

収納棚は、タオルなど軽いものは上に、洗剤など重いものは下に入れ、重心を下げると倒れにくくなります。さらに、棚の手前側に滑り止めシートの切れ端を置くと、地震でものが飛び出すのも防げます。

❸
浴室から脱衣所の外までの動線上には何も置かない

浴室で被災した場合、脱衣所が散らかっていると避難が難航します。最低限、出入口までの動線付近は整理整頓を心がけましょう。

余った滑り止めシートがあれば、エアコンなどのリモコンの裏に貼っておきましょう。吹っ飛んでくるのを防げますよ。

防災豆知識

人が習慣を変えるには“21日間”かかる

防災グッズを取り付けると、慣れないうちは毎回ロックをかけたり、はずしたりするのが面倒に感じるかもしれません。しかし、脱いだ靴をそろえるのが当たり前になっている人が、靴を脱ぎっぱなしにしたときに気持ち悪く感じるのと同じように、続けるうちにロックをかけないと気が済まなくなってきます。これが習慣化です。人の行動は、21日で習慣化するといわれています。根気強く続けてみましょう。

「キャビネットロックが
いちいち面倒……」

1週間目：違和感を感じながらやる
↓
2週間目：意識してできるようになる
↓
3週間目：意識しなくてもできるようになる
↓
“ロックすること”が当たり前になる

キッチンの防災

CHECK

大きな地震のとき、冷蔵庫は
歩き出し、食器や小型家電、
調理道具は飛んでくる

①②

冷蔵庫にはドアストッパー。天井との隙間は突っ張り棒などで埋める

大地震の際、冷蔵庫は揺れに加えて中身が動くことで反動がつき、歩き出します。ドアストッパーをつけて中身が飛び出さないようにし、天井との隙間は突っ張り棒や、中身の詰まった段ボールなどで埋めましょう。

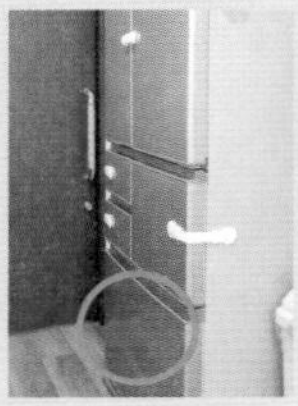

いちばん下の引き出しが開いても、重心は変わらず、しかも前に倒れそうになったときにストッパーとなってくれます。あえてドアストッパーはつけないのが◎。

割れても片づけが
ラクなケース収納

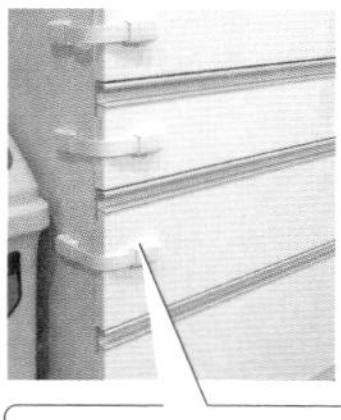

いちばん下以外
にドアストッパー

④

食器は引き出し収納がベスト。ドアストッパーもつけるとなおよし

可能なら引き出しの中にしまうと、食器が飛び出して落下するのを防げます。さらにドアストッパーや、ケース収納との重ねワザで安全性がアップ。難しい場合は、今ある場所に滑り止めシートを敷くだけでも OK です。何か 1 つは対策を。

③

小型家電は耐震マットや滑り止めシートで固定

電子レンジや電気ポットなどの小型家電は、使いやすさを考えると低い位置には置きにくいもの。位置はそのままでもいいので、耐震マットや滑り止めシートで固定しましょう。

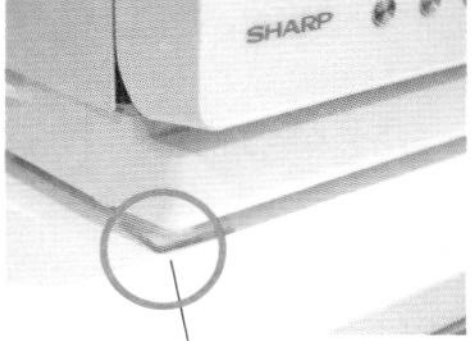

四隅に耐震マット

滑り止めシート

配膳ワゴンはどうする？

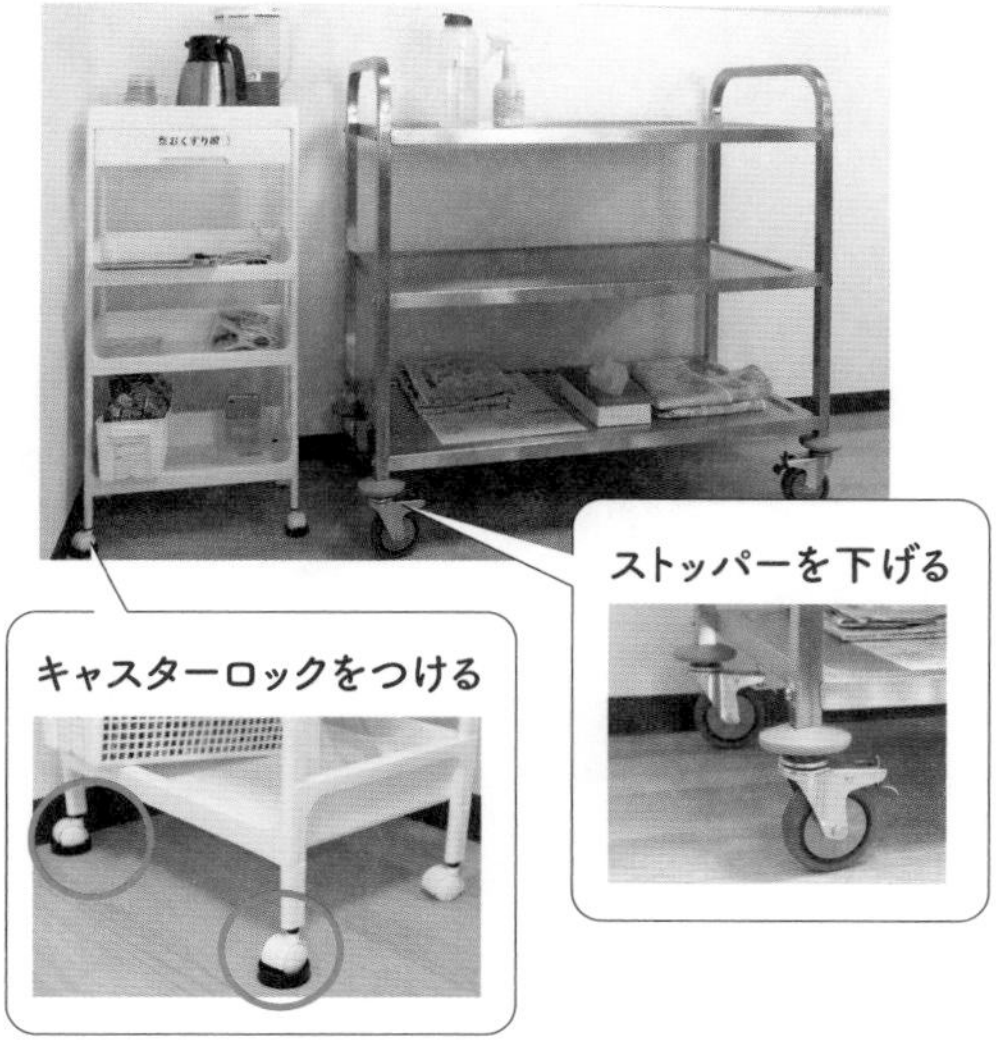

ストッパーを下げる
キャスターロックをつける

転がっていかないよう、常にキャスターをロックするよう習慣づけましょう。ストッパーがついていなくても、100円ショップなどで手に入るキャスターロックを、手前2つの車輪につけるだけでOKです。

調理道具はどうする？

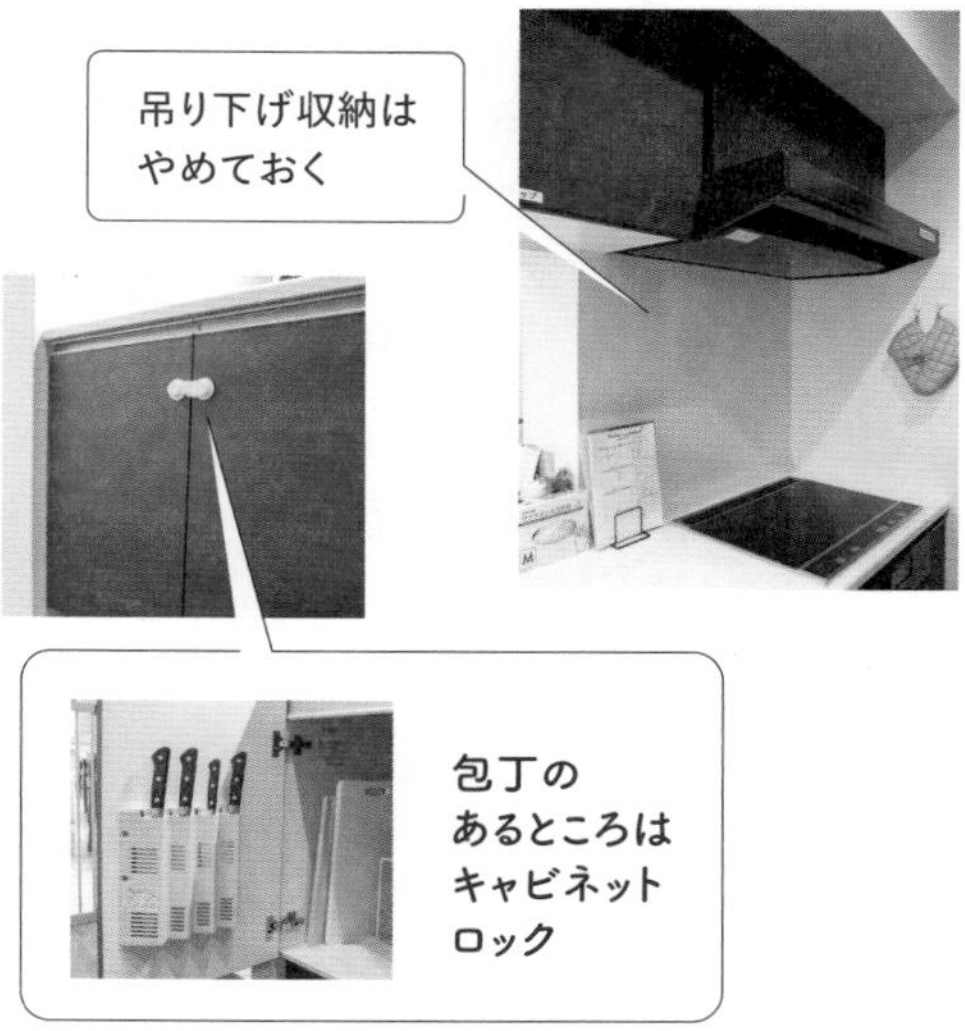

吊り下げ収納はやめておく
包丁のあるところはキャビネットロック

出しっぱなしの調理道具は、地震のとき、飛ぶ凶器となります。吊り下げ収納はなるべく避け、引き出しや棚に収納を。観音開きの場合は、キャビネットロックがおすすめです。

＼ そのほか 見落としがちな要対策ポイント ／

▶出入口の解錠のしかた

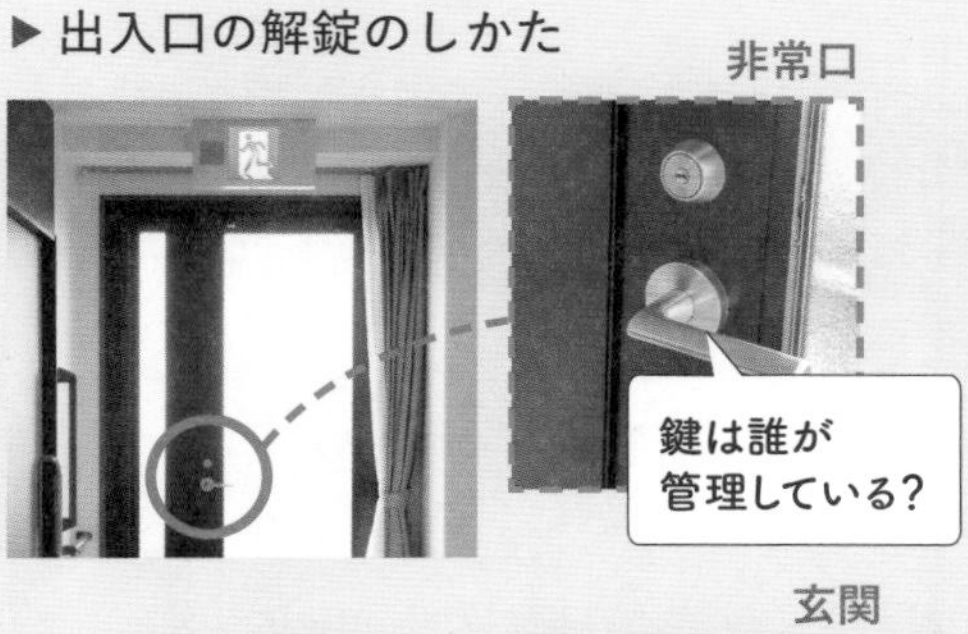

非常口
鍵は誰が管理している？

玄関
停電したらテンキーはどうなる？

非常口や玄関のドアに関して、「震度6以上の地震が起きると自動で解錠される」などの機能がある場合でも、いざというとき本当にそれが作動するとは限りません。手動で開ける方法や鍵の場所を、職員全員で把握しておくことが大切です。

▶コンセントまわりの防火対策

ほこりはたまっていない？

コンセントと電源プラグの隙間にたまったほこりは、放っておくと湿気を吸収し、それが火災につながることがあります（トラッキング現象）。掃除が行き届いているか、確認を。

実践しよう❷

防災訓練では、ものを実際に使ってみる

使った経験が災害時に活きてくる

そのラジオ、
本当につく？
局の合わせ方は
わかる？

暗闇の中でも
懐中電灯を探して
スイッチを
入れられる？

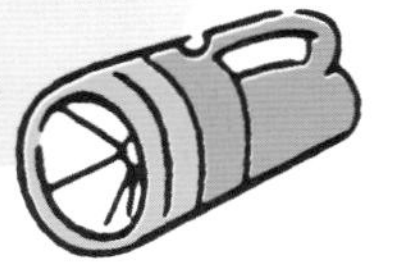

給水の道具は
ポリタンクだけで
大丈夫？
女性でも運べる？

1人あたり
1日3Lの水だけで
生活できる？

カセットコンロは
その数で足りる？
人数分の
調理はできる？

実際にやってみることで 改善点がわかる＆自信がつく

一度使ってみれば、本番ではもっとスムーズにできますし、何か問題があれば今のうちに対処できます。また、「あのときやったから大丈夫」という自信は、苦難を乗り越える力になります。

いざというとき、頼れる職員は自分だけかもしれません。
経験は大きな心の支えになりますよ。

ものを使う〝経験〟も一緒に備蓄しよう

防災グッズや備蓄は、一度使ってみることが大切です。知識も同様で、まずはやってみること。**使ったこと、やったことがあるかないかで、災害時に発揮できる力に大きな差**が出ます。

たとえば、断水時は備蓄した水でやりくりすることになります。介護は清潔ケアで水を多く使うため（→P58）、普段どのくらいの水を使っているかを把握し、水を使うケアと、代替え手段で済ませるケアで線引きをしないと、あっという間に使い切ってしまいます。代替え手段も、ケアを受ける被介護者本人が納得できるものでなければ、満足なケアにはなりません。

本番で失敗しないためには、**防災訓練として、用意したものや得た知識を使う経験を増やしてください**。遊び感覚で大丈夫。利用者と一緒に、面白がりながらスキルを磨いていきましょう。

＼やってみよう 1／

レクリエーションに取り入れる

利用者にも体験してもらうことが大切。“月に１回の防災デー”など、イベント化して楽しく取り組みましょう。

遊び感覚でOK！
面白がって
やってみて

レクリエーション 1

防災笛を吹いて ダンゴムシのポーズ

地震のときは落下物から頭を護るため、その場でダンゴムシのポーズをとるのが鉄則（→ P46）。笛の合図に合わせて練習してみましょう。笛は、利用者に防災笛を吹いてもらうと、その人がどのくらいの強さで吹けるのかがわかります。楽しくできる訓練としておすすめです。

ピー
防災笛は、被災時に助けを呼ぶための道具。100円ショップでも手に入ります。

レクリエーション 2

目の前で防災メシを つくって食べる

被災生活で提供する食事は、いつもとは違うものになります。「あのときにみんなで食べた」という経験があると利用者に納得してもらいやすいので、平時に試食してみましょう。「テーブルの上にカセットコンロを出して、みんなでつくろう」など、参加型で楽しんで。

→レシピは 50 〜 57 ページへ

メスティンと固形燃料でごはんを炊いてみる

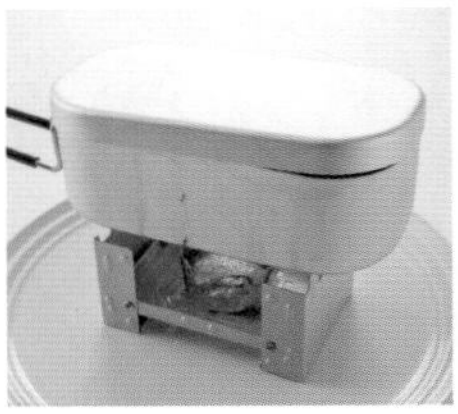

パッククッキングで炊いたごはんを食べてみる

幕の内弁当でまぜ寿司をつくる

レクリエーション 3

新聞紙とゴミ袋で ボール遊び

新聞紙とゴミ袋で簡単につくれるボールで、キャッチボールをしてみましょう。被災中は、沈んだ気持ちを上げるための工夫も大切。体を動かすことはストレス発散につながります。つくり方を覚えておけば、どこでも実践が可能です。

新聞紙をびりびりに破いて、ゴミ袋に詰めます。このとき、新聞紙にはさまざまな“吐き出したい思い”を書いてから破ると◎。

➡

完成！

空気を抜きながらひとつ結びにし、形を丸く整えたら、余ったビニールを裏返し、ボールの部分を二重に覆います。再度結んで完成。

＼ やってみよう 2 ／

職員の間で練習してみよう

いざ被災すると、トイレも水も、いつものようには使えなくなります。代替え手段を練習しておきましょう。

練習ですから、失敗しても OK。どんどんトライしてみましょう

練習 1

災害用トイレをつくって使う

いちばん重要なのは排泄対策。断水するなどしてトイレを流せないということが起こりうるので、災害用トイレのつくり方、使い方を実践して覚えておきましょう。できれば利用者さんにも体験してもらうとよいでしょう。

つくり方は P28 参照

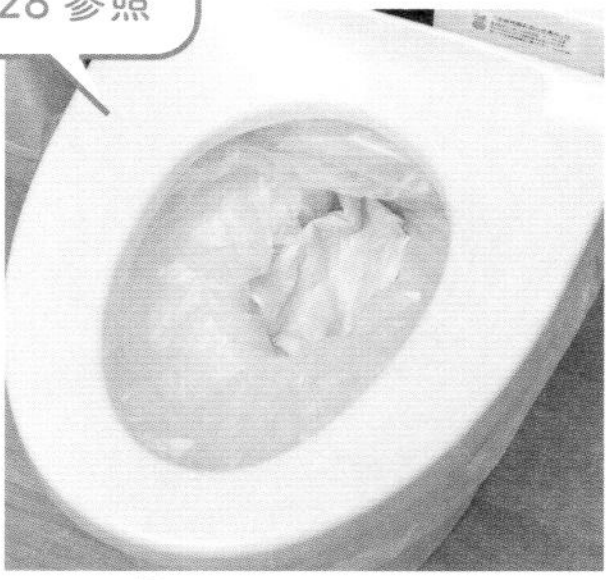

＼＼ この 3 つでつくる ／／

使ったトイレは、自治体のルールに従って処分します。被災中は捨てられないので、保管場所についても決めておきましょう。

＼＼ そのほか、28 〜 31 ページで紹介している防災グッズもつくって使ってみよう ／／

ペットボトルランタン

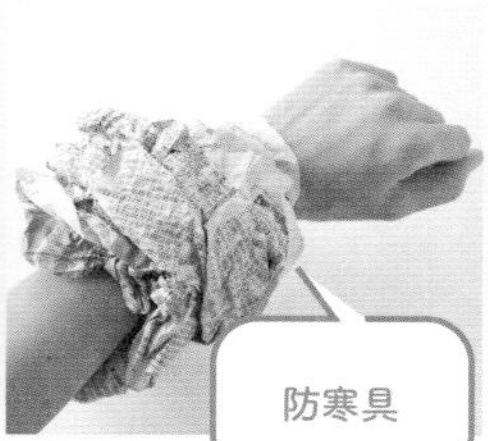

防寒具

ペットボトルシャワー

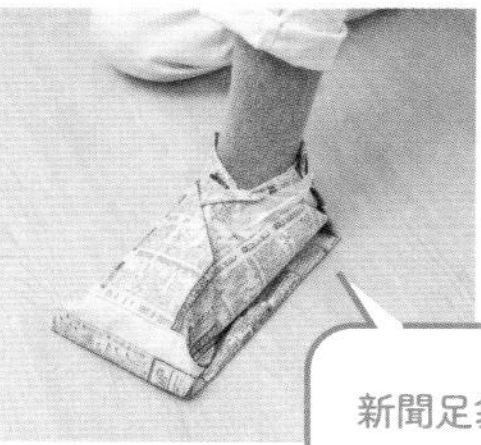

新聞足袋

練習 2

暗闇の中で、懐中電灯を探して点ける

保管場所も確認を

懐中電灯は備えてあっても、どこにあるのか、どうやって点けるのかを職員で共有していないというケースがあります。真っ暗な中で懐中電灯を点けるのは、意外と難しいもの。夜勤の際、消灯後の時間帯などを使って練習しておくと安心です。

練習 3

水３Ｌでどこまで過ごせるかやってみる

1人あたり1日3L が目安

うまく節約しながら水を使うためにおすすめの練習が、「家で水３Ｌを用意し、試しにそれで過ごしてみる」こと。何時に使い切ったか、主に何に使ったのかを振り返り、「それは何かで代用できないか？」と考えていくと、災害時の水の使い方がイメージできます。

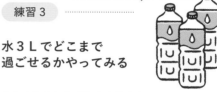

❶

ゴミ袋をしっかり広げる。
水は半分～八分目まで

リュックの中に45Lのゴミ袋を2枚、二重にしてセットし、水を入れます。

❷

空気を抜いてから
ひとつ結びにする

内側のゴミ袋をひとつ結びに。このとき、空気を抜くようにすると水が長持ちします。

❸

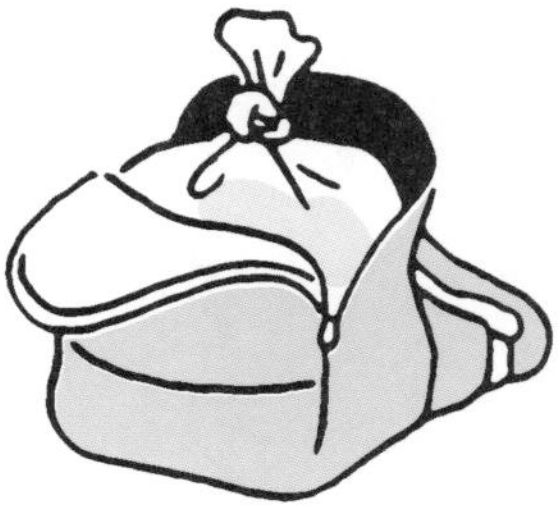

完成！

外側のゴミ袋を結んで、完成。二重にしているので、水漏れの心配もありません。

練習4

リュックで水を運んでみる

断水して給水所に水をもらいにいくとき、リュックで運ぶという方法があります。背負うことで、手で持ち運ぶよりも楽に運べます。ポリタンクが足りなかったり、あっても台車がなかったりして運びにくいときにも役立ちます。

リュックなら、力の弱い人でも15Lくらいは一度に運べます。手で持つのと背負うのとでどれくらい負担が違うのか、試してみて。

⚠ ケガに備えて、最低限の応急処置は覚えておこう

医師や看護師に引き継ぐまでは、その場にいる人が対応する

災害現場では、落下物で頭をケガしたり、避難時に足をねんざしたりすることが起こりえます。利用者や職員がケガをしたとき、医師や看護師がすぐそばにいるとは限りません。引き継ぐまでに最低限の処置を施しておくと、ケガの悪化を防ぐことができます。

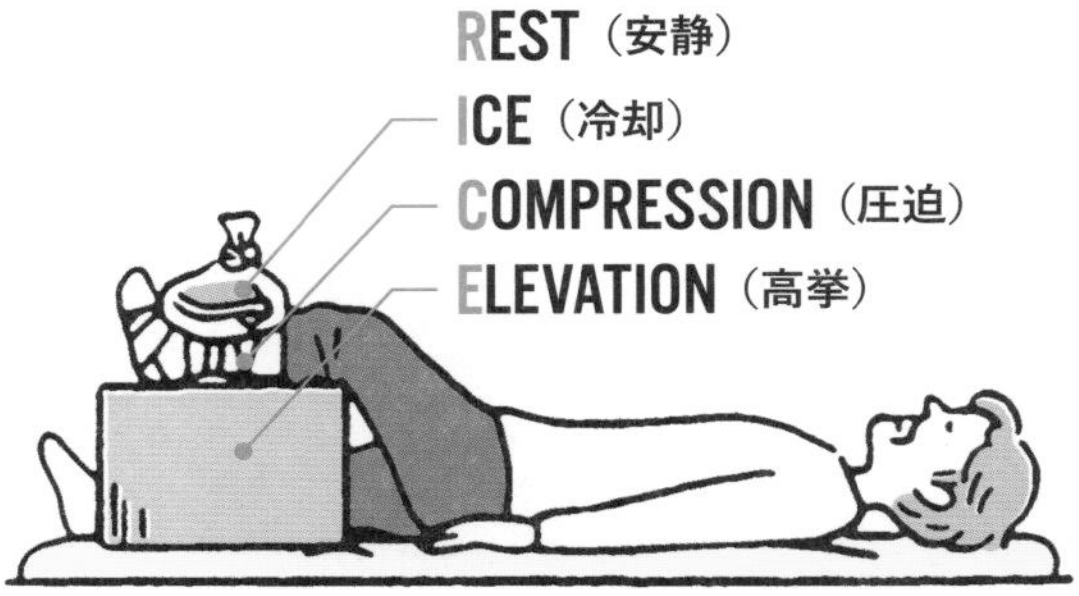
REST（安静）
ICE（冷却）
COMPRESSION（圧迫）
ELEVATION（高挙）

頭のケガ

ストッキング
ガーゼ

ガーゼをあて、包帯やストッキングで固定

包帯がなければストッキングでもOK。頭にかぶり、脚の部分を巻いて結びましょう。

打撲やねんざ

RICE《ライス》療法で悪化を防ぐ

RICE療法は、レスキューの現場でも行われている応急処置です。左図のイメージを覚えておきましょう。

実践しよう❸

避難訓練は、なるべく具体的な状況を想定する

予定調和な訓練ではなく、具体的で現実的な訓練を

避難訓練の多くは、予定調和になりがちです。そもそも、すべての流れを一回でやろうとすることに無理があります。災害時に命を護る行動をとるには、訓練においても**なるべく具体的な状況をイメージする**こと。そして、**それぞれの状況に対してどう動くかを話し合い、実演**してみましょう。

たとえば、地震直後に利用者を護るためにどう動くか。「近くの職員が覆いかぶさる」「居室にいたら布団をかぶってもらう」「浴室にいたら引き上げてリビングに逃げる」など、とるべき行動は利用者の状況により異なります。「今日は浴室にいる想定で」と状況を一つに絞り、浴槽から引き上げてリビングに行くまでの一連の動きをやってみる、という具合です。**具体的な訓練の積み重ねは、実践で必ず活きます。**ぜひ取り入れてみましょう。

〚いざ逃げるときは“よ・い・こ”で〛

従来の避難訓練の標語

お → 押さない
は → 走らない
し → しゃべらない

いざというときに
これでは助からない

これは避難訓練を安全に行うための標語で、非常事態では、押しても走ってもしゃべってもいいから逃げてほしい、というのが実情です。いざ逃げるときは、下記の標語を意識してください。

ツジナオ流　新・防災標語

よ →	よく見て	今、まわりで何が起こっているのか、どこに逃げるべきかを“よく見る”という意味です。テレビやSNSに流れてくる情報もよく見て、判断材料にすることが大切です。
い →	急いで逃げる	危険なところに留まらず、すぐに逃げよう、という意味です。普段の備えや、日々の防災訓練が明暗を分ける部分です（→左ページ）。
こ →	声を出す	利用者や職員に「あっちに行きますよ」「大丈夫ですか？」など、積極的に声をかけることが大切、という意味です。怖がる人を安心させるだけでなく、声を出すことで自分自身も落ち着きます。

は助かる

訓練は「おはし」、防災は「よいこ」と使い分けましょう。

『訓練の内容をブラッシュアップしよう』

よ → よく見て

い → 急いで逃げる

こ → 声を出す

急いで逃げるためには方法を決めておく （→ P72）

「誰から避難させる？」「どうやって逃げる？」などを判断する場面で迷いが生じると、初動が遅れます。急いで逃げるには、利用者一人ひとりの避難方法を前もって決めておくことが大切です。

- 担架で運ぶ？
- おんぶして連れていく？
- 自力で歩いてもらう？

迷わず行動できるよう、訓練でリハーサルする

避難方法があらかた決まったら、それを避難訓練として実践してみましょう。「こうしたほうがより安全かも」などの発見があるはずです。利用者をまじえての訓練も大切ですが、難しければ、まずは職員だけでやってみて。

訓練 1 地震が来た直後、利用者を落下物から護る
（上に覆いかぶさる／シーツをかける／掛け布団をかけるなど）

訓練 2 ベッドで寝ている人を起こし、担架で外まで連れていく

訓練 3 車いすに座っている人を、そのまま2階まで持ち上げる　など

⚠「今日はこの訓練だけ」など、パーツに分けて実施する

すべての流れを一度にやろうとすることには無理があります。「今日はこのシチュエーションを想定してやろう」など、パーツごとに行いましょう。

利用者さんの目線に立つことを忘れないようにしましょう。職員を利用者さんに見立ててやるときは、介助される側になった職員の意見も聞いてみて。

これもおすすめ

施設のテーマソングやテーマカラーを決めておこう

災害時は、利用者も職員も心細くなるものです。「これがあるから大丈夫」「自分とみんなはつながっている」と思えるための、歌や色を決めておきましょう。心のよりどころができて、気持ちが前向きになります。

いざというときに慌てないために

状況確認チェックシートを備えよう

実際に大災害が起きたときは、初動として、被害状況の確認が重要になってきます。
状況が把握できれば、次にどうすればいいかが見えてくるからです。
最低限のチェック項目をリスト化するなど、準備しておきましょう。

災害時の状況確認チェックシート

災害発生後、利用者・職員の安否確認と並行して速やかに確認し、全員で共有する。

年　　月　　日（　　曜日）　　時　　分時点の状況

二次災害の可能性と施設の被害状況

・津波の危険　□あり　□なし
・浸水の危険　□あり（　床上　・　床下　）　□なし
・土砂災害の危険　□あり　□なし
・建物の破損　□あり（破損個所：　　　　　　　　）　□なし
・建物倒壊の危険　□あり　□なし

⇒立ち退き避難の必要

□あり（避難先への移動準備開始）

屋外へ避難する場合は、施設のフローに則り、車両や燃料、担架、車いすなどの移動手段を確認しましょう

□なし（屋内安全確保）※以下参照

【施設の備蓄について】

・保管用の水　□無事　□一部損害あり　□全滅
　何リットルあるか　（　　　　）L　※1日に最低限必要な水の量：1人あたり3L
　何日もちそうか　（　　　　）日

・食料　□無事　□一部損害あり　□全滅
　何日もちそうか　（　　　　）日
　直近の食事（朝食・昼食・夕食）の手配は何時頃になるか　（　　　　）時には提供可

・非常用電源　□無事　□一部損害あり　□全滅
　何日もちそうか　（　　　　）日

【施設のインフラ状況について】

・電気　□点く　□点かない
　※点かない場合は自家発電機などの非常用電源を稼働、または代替策に切り替える。

・ガス　□出る　□出ない
　※ガス臭い場合はガス漏れの危険があるため、決して火をつけず、ガス栓とメーターの元栓を閉めて換気する。ガスが止まった場合は代替策に切り替える。

・水道　□出る　□出ない
　※出る場合はポリタンクやビニール袋（45L ゴミ袋）などに水を溜める。断水した場合は、主に生活用水において、水を使わない代替策に切り替える。

・トイレ　□便器は無事　□便器も破損
　※断水している場合、通常使用は厳禁。便器が無事なら、災害用トイレを設置して使う。

・通信（電話）　□つながる　□つながらない　※つながらない場合は、代替策に切り替える。

POINT 1

外へ避難するか屋内に留まるかの判断項目をまとめる

立ち退き避難が必要なのか、それとも施設に留まって安全を確保するのかは、災害の種類や規模、施設の立地などによって異なります。判断の基準になる項目をまとめておきましょう。

外へ避難する場合は、
各施設の規定や
フローに則って行動する

POINT 2

施設に留まる場合の最低限のチェック項目をリスト化する

屋内安全確保を選んだ場合、真っ先に「備蓄」と「インフラ状況」を確認します。備蓄は「水」「食料」「非常用電源」は必ずチェックを。インフラ状況は「電気」「ガス」「水道」のほか、トイレの状態や通信状況などもチェック項目に入れておきましょう。

次のページをコピーして、
職員の目につくところに
置いておこう！

場合によっては、他県の提携施設などに応援を要請することもあるでしょう。施設の被害状況を瞬時に把握できれば、今どんな状態で、何が必要なのかを、応援要請先に的確に伝えられます。ぜひ準備してみてください。

災害時の状況確認チェックシート

災害発生後、利用者・職員の安否確認と並行して速やかに確認し、全員で共有する。

年　　月　　日（　　曜日）　　時　　分時点の状況

二次災害の可能性と施設の被害状況

・津波の危険　□あり　□なし
・浸水の危険　□あり（　床上　・　床下　）　□なし
・土砂災害の危険　□あり　□なし
・建物の破損　□あり（破損個所：　　　　　　　）　□なし
・建物倒壊の危険　□あり　□なし

⇒立ち退き避難の必要

□あり（避難先への移動準備開始）→ 屋外へ避難する場合は、施設のフローに則り、車両や燃料、担架、車いすなどの移動手段を確認する

□なし（屋内安全確保）※以下参照

【施設の備蓄について】

・保管用の水　□無事　□一部損害あり　□全滅
何リットルあるか　（　　　　）L　※1日に最低限必要な水の量：1人あたり3L
何日もちそうか　（　　　　）日

・食料　□無事　□一部損害あり　□全滅
何日もちそうか　（　　　　）日
直近の食事（朝食・昼食・夕食）の手配は何時頃になるか　（　　　　）時には提供可

・非常用電源　□無事　□一部損害あり　□全滅
何日もちそうか　（　　　　）日

【施設のインフラ状況について】

・電気　□点く　□点かない
※点かない場合は自家発電機などの非常用電源を稼働、または代替策に切り替える。

・ガス　□出る　□出ない
※ガス臭い場合はガス漏れの危険があるため、決して火をつけず、ガス栓とメーターの元栓を閉めて換気する。ガスが止まった場合は代替策に切り替える。

・水道　□出る　□出ない
※出る場合はポリタンクやビニール袋（45Lゴミ袋）などに水を溜める。断水した場合は、主に生活用水において、水を使わない代替策に切り替える。

・トイレ　□便器は無事　□便器も破損
※断水している場合、通常使用は厳禁。便器が無事なら、災害用トイレを設置して使う。

・通信（電話）　□つながる　□つながらない　※つながらない場合は、代替策に切り替える。

辻 直美（つじ なおみ）

▶ 国際災害レスキューナース、一般社団法人育母塾代表理事

国境なき医師団の活動で上海に赴任し、医療支援を実施。帰国後、看護師として活動中に阪神・淡路大震災を経験。実家が全壊したのを機に災害医療に目覚め、JMTDR（国際緊急援助隊医療チーム）にて救命救急災害レスキューナースとして活動。現在はフリーランスのナースとして国内での講演と防災教育をメインに行い、要請があれば被災地で活動を行っている。2022 年（令和 4 年）4 月時点で看護師歴 31 年、災害レスキューナース歴 27 年。被災地派遣は国内 29 件、海外 2 件。

レスキューナースの活動と並行して、「たった 3 秒で赤ちゃんが泣き止む」と話題の「まぁるい抱っこ®」を提唱。子育てに悩む母親たちから絶大な支持を得ている。整理収納アドバイザー 2 級。

主な著書に『プチプラで「地震に強い部屋づくり」』『レスキューナースが教える プチプラ防災』『レスキューナースが教える 新型コロナ×防災マニュアル』（いずれも扶桑社）、『どんなに泣いている子でも 3 秒で泣き止み 3 分で寝るまぁるい抱っこ』（講談社）などがある。

辻直美　公式サイト　https://lit.link/naosaigairescue

地震・台風時に動けるガイド
大事な人を護る災害対策

2023 年 4 月 11 日　第 1 刷発行

監　修　辻 直美
発行人　山本教雄
編集人　向井直人
発　行　メディカル・ケア・サービス株式会社
〒 330-6029　埼玉県さいたま市中央区新都心 11-2
ランド・アクシス・タワー 29 階
発行発売　株式会社Gakken
〒 141-8416　東京都品川区西五反田 2-11-8
印　刷　共同印刷

撮影協力　愛の家グループホーム川崎蟹ヶ谷
ココファン川崎高津
グリーンフード株式会社 テストキッチン

この本に関する各種お問い合わせ
●本の内容については、下記サイトのお問い合わせフォームよりお願いします。
https://www.mcsg.co.jp/contact/
●在庫については　Tel 03-6431-1250（販売部）
●不良品（落丁、乱丁）については　Tel 0570-000577
学研業務センター　〒 354-0045 埼玉県入間郡三芳町上富 279-1
●上記以外のお問い合わせは　Tel 0570-056-710（学研グループ総合案内）

●ジシン・タイフウジニウゴケルガイド　ダイジナヒトヲマモルサイガイタイサク